ヒップホップ・ラップの授業づくり

「わたし」と「社会」を表現し伝えるために

磯田三津子＝著　晋平太（ラッパー）＝協力

明石書店

QRコードのご案内

1.「ボコボコのMIC」晋平太　インストルメンタル(カラオケ)

＊児童・生徒が作ったラップは、「ボコボコのMIC」のインストルメンタル(カラオケ)に合わせてうたうことができる。

2. 大学生の自己紹介ラップ

＊「レッスン３　ラップで自己紹介――わたしを伝える・友だちを知る」の「４．大学生がラップで自己紹介する」(pp.75-77)のサンプルを聴くことができる。

3. 大学生がわたしについて語ったラップ

＊「レッスン５　わたしの物語をラップにする」の「１．大学生が作ったラップ」(pp.101-103)のサンプルを聴くことができる。

はじめに

学校で学ぶべき文化としてのヒップホップ

ヒップホップということばから何をイメージするだろう。ブレイクダンス、壁に書かれたグラフィティ・アート、それともラッパーが身にまとうようなファッションなのか。あるいは、ちょっと怖そうといった不良やギャングなどといったイメージかもしれない。そういうイメージから、ヒップホップが自分とは全く関係ないところに存在している文化だと思っている人もいるに違いない。

そして、そのイメージから、多くの人は、勤勉さを重んじる学校文化とかけ離れているように感じているであろう。特に教師たちはそう思って、授業にヒップホップを取り入れるなんて考えたことがないかもしれない。

しかし、それは間違いである。ヒップホップを構成する要素のひとつであるラップは、喜び、悲しみ、怒り、愛、別れ、そして連帯など様々なことをことばで表現する。生活の中にある抱えきれない思いをことばで表し、より良い未来を皆で探求していこうというのがヒップホップである。つまり、ヒップホップをパフォーマンスするということは、とても真剣な取り組みなのである。同時にそれは、わたしを表現するためのとても知的な活動といえる。

そうだとしたら学校でヒップホップ、中でもラップによる授業を行うことには意味がある。そもそも、ラップは、社会正義について考え、その理想に向けてどういったことができるのかをことばにして人々に伝えていくことができる可能性がある。

ヒップホップは、ニューヨーク市サウスブロンクスで行われていたパーティのための文化として誕生した。初期のヒップホップは、ダンスに縁のないような人でも身体が自然と動く踊れる音楽である。ところがヒップホップは、ダンスをするための娯楽の要素だけではなかった。そこには、社会に向けたメッセージを盛り込んで、世の中に自分の考えや経験、社会正義を主張していく性格が含まれていたのである。

このようにヒップホップは、今を楽しむために、そして未来をより良くするためにメッセージを発するというかなり真面目な文化であることがわかる。もちろん、不謹慎なことばを使ったり、過激なことばを使ったヒップホップもある。しかし、それらもすべて、いろいろな立場の人たちからの重要なメッセージだと考えて、いったん引き受けてみることも大切である。多様性は尊重されるべきである。

こうしてみるとヒップホップは、学校で学ぶのにふさわしい文化である。ラップのことばから、いろいろな人たちのメッセージを知ることができる。そしてヒップホップを通して子どもたちの学力は、より多く引き出されるであろう。ラップのことばを読んで考えたり、実際に子どもたちがラップを考えることによって多様な学力が身につくのである。

その学力とは、様々な人の社会正義について知ることができること、ことばを豊かにすること、創造力、思考力、批判的思考、表現力などである。それらはテストではかれるような学力ではないかもしれない。しかし、こうした学力を習得すれば、子どもたちに豊かな未来がきっと訪れる。ヒップホップで育まれる学力は意味ある学力なのである。そんな学力を身に着けた子どもたちが活躍する未来はきっと明るい。

晋平太が埼玉大学と埼玉大学附属小学校にやってきた

ヒップホップは、ブレイクダンス、グラフィティ・アート、DJ、MCまたはラップで構成される。その中でも、たくさんのことばを積み重ねてパフォーマンスするラップは、学校で学ぶ価値がある。なぜなら、ラップは、子どもたちの今と未来を展望し、社会正義を語ることのできる一つの重要な表現方法だからである。しかし、どうやってラップの授業をすればよいのだろうか。その教育的意義はわかっているが、その方法がわからない。

そこで、ラッパーの晋平太が、「人気者の教師」を目指す学生が集まる埼玉大学教育学部の磯田ゼミにやってきた。

ラップを教えてくれる晋平太はラップバトルで勝ち続けたかなりの実力者である。ラップバトルは、ラッパーがその場でことばを作ってラップにして、相手と競い合う緊張感のある戦いである。とにかく晋平太のラップはすごい。そして説得力がある。そして晋平太のラップの中には、わたしたちが何を大切にすべきなのかを考えさせてくれることばがたくさんつまっている。

晋平太のように、ラップでわたし自身を語り、明日への力をわかせてくれるようなことばを作って表現できたらどれだけよいだろうか。子どもたちにそういった活動をさせたい。子どもたちは、きっとラップを学んでいる間に、創造力、思考力、批判的思考、表現力などなど様々な学力が身につけていくはずである。

そんな授業をいつかやりたいと思う埼玉大学磯田ゼミの学生を相手に、晋平太がラップの作り方についての講義を行った。授業で、学生たちは、晋平太からラップの作り方の基礎を教わった。それにとどまらず、晋平太と学生たちは、子どもたちにラップを教えるのはどのような意味があるのか、どうしたら良い授業ができるのかを話し合った。

その後、晋平太は、埼玉大学附属小学校５年生にラップの授業を行った。子どもたちは、晋平太からラップを学び、あっという間にラップを作ることができるようになった。晋平太の授業が終わった後、教室をのぞいてみた。すると、子どもたちは自分たちが作ったラップを教室で早速、披露し合っていた。教室は、ものすごく盛り上がっていたのである。とにかくラップは楽しい。

本書の構成

本書は、晋平太が語るラップについて、そして晋平太が埼玉大学磯田ゼミの授業と埼玉大学附属小学校５年生の「おおとりの時間」（総合的な学習の時間）で行ったラップの授業を基に授業を構想した内容が中心となっている。加えて、アメリカで明らかにされている教育理論に基づいて学校でヒップホップを教えることの意義について説明した。

本書の特徴は、国語、音楽、社会、道徳、総合的な学習の時間、学級活動と多様な授業で使える内容となっていることである。ことばの表現であれば国語、リズムにのってことばを表現するのであれば音楽で実践することができる。アフリカ系の人々の歴史や現代の人種問題についてなら社会、社会正義について考えるなら総合的な学習の時間や道徳で実践する。クラスでお互いを知りあうためのイベントとして用いるなら学級活動でもよい。そして本書で提案している授業は、小学校５年生から、中学生、高校生だけではなく、大学生、社会人でも行うことができる。

本書の内容は三部で構成されている。第１部「入門編　晋平太が答えるラップについての疑問」は、埼玉大学磯田ゼミの学生がラップを授業するための基礎の基礎となるような素朴な疑問を晋平太に尋ねた内容をまとめたものである。学生から出された質問に対して、晋平太に答えてもらうインタビューの会を設けた。第１部はその記録である。

第２部「実践編　ラップの授業にチャレンジ」は、６つのレッスンの提案である。晋平太が埼玉大学で行った授業の内容を中心に構想したレッスンプランである。それぞれのレッスンには関連する情報を掲載した。

第３部は、「理論編　教育学からみた社会正義とヒップホップ」である。ヒップホップの教育的な意義をみとめてきたのはアメリカの教師や教育学者である。そこで、ここでは、アメリカの理論に基づいて、ヒップホップ、中でもラップを授業に取り入れることには子どもたちにとってどのような意味があるのかについて解説した。

目　次　ヒップホップの授業づくり

第１部 入門編

晋平太が答えるラップについての疑問

ラップを授業に取り入れてみたい。しかし、ヒップホップやラップについてよく知らない。だから子どもたちの前で、自信をもってラップを教えることができない。そんな教師も多いだろう。例えば、ヒップホップとラップって何がどう違うの？ ラップの音楽ってどうやって選ぶの？ などなど、子どもたちはきっと素朴な疑問を投げかけてくるに違いない。そんなとき、胸を張って子どもたちの疑問に答えたい。

埼玉大学教育学部磯田ゼミの学生が教師になってラップを教えるときに知っておきたいことは何かについて話し合った。そしてそれらを晋平太に尋ねようということになったのである。ラップについて、そしてラッパーの晋平太について知りたいと思う学生の期待に、晋平太が応え、教室にやってきた。

「入門編　晋平太が答えるラップについての疑問」を読めば、ラップの授業を恐れずに行うことができる。これで教師は堂々とラップの授業にチャレンジできる。そして晋平太のことばからは、授業だけではなく、未来へ向けてのパワーがたくさん得られる。新たな一歩を踏み出そう。ラップの授業はきっとうまくいく。

埼玉大学教育学部磯田ゼミの学生たちは、ヒップホップ、ラップ、そしてラッパーとしての晋平太についての質問を準備した。それらの質問について、埼玉大学の教室に晋平太を招きインタビュー形式で８名の学生がそれぞれ尋ねた。

それらの質問を「１．なかなか聞けないラップについての基本の疑問」「２．もっと知りたい一歩踏み込んだラップの疑問」「３．晋平太の個人史とラップ」「４．これからラップを始める人へ」の４つに分けてインタビューをまとめた。

1．なかなか聞けないラップについての基本の疑問

——まず、そもそもなんですけど。ラップってなんですか。

晋平太　ラップって何？　３時間ぐらいかかるかも。ラップって基本的に、俺が思ってるラップの定義は、話しことばでリズムに乗っけておしゃべりすること。ズンズンカッズンズンズンカッっていつもやってるじゃん。まず、ビート[1]があって、それに合わせて、おしゃべりみたいな歌唱法だよね。一応、歌としゃべりの中間みたいなイメージがラップなのかなと思ってる。

　ラップってなに歌ってもいいわけよ。それが自分の朝起きてからの日記でもいいし、世の中に対して思ってることでもいいし。自分の好きな食べ物についてでもいいし。こんな恋愛したよ、とか。こんな経験したよ、とか。自分の考

晋平太（しんぺいた）
1983年埼玉県生まれ。
ラップバトル番組「フリースタイルダンジョン」で 史上初の完全制覇を果たしたラッパーである。フリースタイルのラップを得意とする。内閣府、自治体、企業、学校等でラップ講座も行っている。

1　拍、拍子のこと。

えてることとかをリズムに乗っけておしゃべりする歌唱法の一つじゃないのかな。それがラップだと思う。

――ところで、ヒップホップとラップの違いってなんですか。

晋平太　それはね、説明し始めたら３時間じゃ済まないぐらい。ラップって歌唱法だって言ったじゃん。何でもありなんだよ。どんなビートに合わせてもいい。例えばじゃあ何でもいいや、ジャニーズの曲にもラップが入ってるじゃん。嵐とかね。嵐以外にもいるよね。大体、入ってるじゃん。あれはラップなの。歌謡曲の中に自分のことばでおしゃべりする歌唱法が入ってる。

俺がやってるのはヒップホップなの。ヒップホップっていうのは何なのかって言われたら、ヒップホップって文化なのね。そのヒップホップっていう文化。やったじゃん、ヒップホップの歴史で[2]。サウスブロンクス[3]で生まれた文化の中のひとつがラップなの。ラップを通してヒップホップをやるってなったらいろんなルールが出てくるわけ。ヒップホップにそれが基づいてるかどうかっていうのはすごく大事なこと。

だから簡単に言うと、ラッパーとヒップホッパーっていう分け方あるんだけ

2　学生は晋平太からヒップホップの歴史について講義を既に受けている。
3　アメリカ合衆国ニューヨーク市ブロンクス区の南部の地域。

ど。それってすごい、似て非なるもんなのよ。ラップだけをする人、それ、自由だね。ヒップホップに基づいてなくてもいいんじゃん。どんなこと歌ってもいいと思う。

でもヒップホップの人だったら、「ピース　ユニティ　ラブ　ハヴィング・ファン」[4]。それに基づいていて、自分のコミュニティとか、自分の置かれている環境とか、自分自身に関わる文化、このクラスでもいいよ。何かその文化をレペゼン[5]してメッセージを発信する。そういうのがヒップホップのラップ。

ヒップホップっていうのは、この後でも話すけど、ラップだけのことじゃないんだよね。さっき言ったみたいに、ラップはヒップホップの文化の一部ということ。ヒップホップっていくつかの要素で成り立っているって説明したっけ？　その要素ってまず、ラップ[6]でしょう、これMCっていうんだけど。あとDJ[7]、音楽をかける人ね。グラフィティ・ライター[8]。これはスプレーでアートを描く人。ブレイクダンス[9]。

それともう一つ大事な要素で、ノーレッジ(Knowledge）っつって。ノーレッジって英語、意味わかる？　知識ってことだよね。ヒップホップをやる人はそういう知識がないと駄目なんだ。ラップはいいよ、ばかでも。ヒップホップをやるんだったら、歴史とか政治とか社会とか、いろんな知識にアンテナを立

4　Peace（平和）Unity（共同）Love（愛）Having Fun（楽しむこと）。ヒップホップの創始者として知られるアフリカ・バンバータ(Afrika Banbaataa)によってヒップホップが抗争を止め、ネガティブな自己イメージを回復させるために役立つ文化であると語られたときに用いられたことばである。

5　〜を代表するの意味(representのこと)。

6　MC(Master of Ceremonies)ともいわれる。もともとはパーティの司会者であり盛り上げ役であることからMCと呼ばれた。ラップは、韻をふんだりしながら、リズミカルに語るボーカルの表現である。ラップのことばの中にはストリートのことばが含まれている。ストリートについては、注35)を参照。

7　ディスクジョッキーともいう。すでに録音された音源をつなぎ合わせてミックスし、音楽を作る役割を担う。

8　グラフィティ・アートとは一般的にアメリカの都市中心部の壁などにスプレーやマーカーで描かれる芸術表現のひとつである。グラフィティ・ライターはグラフィティ・アートを描くアーチストのことである。

9　DJが作った音楽に合わせてアフリカ系の若者が1970年代に生み出した新しいダンスの様式である。

てなきゃいけない。基本的にヒップホップっていうのはそういう良くない部分と闘っていくっていうイメージかな。自分たちの暮らしが良くないんだったら良くするために闘っていく。誰のせいでこういうふうになってるんだ、とか。世の中がおかしいよ、とかね。例えば、政治って変だよねとか。なんかおかしいなと思ったときに声を上げるとか。そういうのもヒップホップの大きな役割。例えば自分の周りにドラッグがまん延してたとする。それってなんでなんだっていう。なんでドラッグって駄目なんだ？　じゃあやめたほうがいいんじゃねえか？　暴力とかやめたほうがいいんじゃねえか？　みたいなメッセージとかを発信する道具、というか文化なんだよね、ヒップホップっていうのは。

――次なんですけど、ラップにはなんでメロディがないのですか。

晋平太　ラップにメロディがないわけじゃないんだ。歌みたいなラップとかもあるし、メロディを食ってるラップもあるんだけど。そもそもラップって、DJのかけるブレイクビーツ[10]に合わせるもの。DJが後ろでビートをかけてるわけでしょう？　それに合わせて自分のヴァース[11]っていうかをキック[12]しなきゃいけなくて。自分のラップをうたわなきゃいけないわけ。

そのとき、DJがどんなビートをかけるかわかんないのね。予めメロディを作ったとしても、それがDJがそこで作ったどんなビートにも合わせられるかっつったら合わせられないじゃん。わかる？　音程[13]って、ビートによって違うじゃん。このビートには俺の思ってた音程でうたえないとか。メロディがなければ、ビート、ズンズンカンカツンツンズカンなのか、ツッカツッカツッツッツカなのか。テンポだったら合わせれるじゃん。そういう理由でメロディがない。しゃべりの延長だし、みんな調子どうだ？　みたいな延長だからメロディがない。どんなビートにも合わせれるようになっている。

10　サンプラー等を使って、既存のリズムを分解（ブレイク）して抜き出したもの。その手法は1970年代にクール・ハーク（Kool Herc）によって始められた。

11　ヒップホップの楽曲は、「イントロ」「ヴァース」「フック」で構成される。イントロの後にヴァースがあり、２～４つ続く。つまり、サビの前の部分。ヴァースの後、フック（サビ）へと移る。

12　ラップをする。

13　二つの音の幅を意味する。本インタビューでは、音の高さを意味する。

ただ、メロディのあるラップはないのかって言われたら、もう最近なんかメロディがしっかりないとあんまり流行んなかったりすることもある。メロディのあるラップもいっぱいあるよっていう感じ。でも昔々はどんなビートにも合わせれるようにとか、そもそも歌と違うことをやろうとしてたからメロディがないんじゃないかな？

――今、ちょっとおっしゃったんですけど、ラップの音楽ってどうやって選ぶんですか。

晋平太　ラップの音楽ってどうやって選ぶの？　って、なかなかマニアックな質問だな。今は、ラップをこの人に歌ってもらうように、トラック[14]っていうんだけど、トラックを作ってっていう人がいて成立してるんだけど。昔どういうふうにやってたかっていうと、それもDJが決めるのよ。基本的にヒップホップの文化の中で一番重要だとされてるのはDJなんだ。けどラッパーが一番、目立つじゃん。目立つけど、本当はDJなのね。なぜなら、パーティを開いたときに音楽をずっとかけてるのってDJじゃん。てことはDJが主役なのよ。パーティがヒップホップの中心だったから。DJが中心で、そのDJがかけてる曲に合わせて横でおしゃべりしてるのがラッパー。みんな盛り上がってるか？　けんかすんなよ。楽しんでるか？　それがラップの始まりだったの。

DJはどういう音楽、選んでるかっていうと、あらゆるジャンルの音楽を対象としている。ヒップホップのために作られた音楽なんて昔はないわけだ。今はヒップホップのために音楽作ってる。昔はヒップホップっぽいものを他のジャンルから探してくる。どういうふうに探すかっつうと、レコードをひたすら聴いて探すわけ。

特に、俺らが好んで、ヒップホップの人が好んで聴く部分って、ブレイクビーツっていうんだけど。歌があって、いろんな楽曲があって、間奏に一瞬ドラムだけになってる部分とかさ。音楽だけになってる部分ってあるじゃん、いろんな歌謡曲とかで。言ってることわかる？　そういう部分を見つけて、そうい

14　楽曲のこと。

う部分をかけるのよ。そういう部分は、一瞬で終わっちゃうじゃん、15秒ぐらいしかない。でもここの部分がかかるとみんな踊りだしてめちゃくちゃ盛り上がる。

DJって、ターンテーブル[15]を２個使ってるイメージじゃない？　２個使ってる。こっちで15秒かけてる間に、こっちで同じレコードの同じ部分の15秒探すの。わかる？　言ってる意味。同じレコードが２枚あって。こっちの15秒かけてる間にこっちの次の15秒を探しておいて。ここにミキサー[16]ってのがあるんだけど。こっちの15秒が終わる瞬間にこっちの15秒に合わせるっていう。そうやってDJがビートをキープする。で、ラッパーが歌ったり、ダンサーが踊ったりするっていう。だからDJが音楽を探すのよ。ヒップホップのために作られてる音楽なんてないから。あらゆるジャンルの音楽から自分らで勝手にヒップホップっぽくする。

それが発展してくるとサンプリング[17]っていう文化になる。サンプリングってどういうことかっていうと、例えばビートルズの音楽があって、その音楽をそのまま使ってドラムを打ち直したりしてヒップホップはレコードとして出すのね。だから、コピーとか言われるんだけど。コピーだからしょうがないっちゃしょうがないんだけど、それも文化なのよ。

ヒップホップってなぜそういうふうにしなきゃいけないかっていうと、レコードから自分の好きな部分を探してDJが音楽かける。ラップ用の音楽を作ろうということになると、まずレコードを探す。なんでかっていうと、バンドとか音楽を作るのに必要だと思うんだけど、それってすごくお金がかかるでしょう？　レコードだったらお金がかかんないじゃん、レコード代しか。ヒップホップってそもそもお金持ちの人たちの始めた音楽じゃないじゃん。そもそもヒップホップの文化が生まれた頃は、ヒップホップのために作られたものなんて何もなかったわけよ。だから自分たちの好きなものを探してきてヒップホップ

15　DJの演奏用のレコードプレイヤーであり、楽器のように速度や音程を変えることができる。
16　マイクやCDプレイヤーなどと接続して、音を混ぜることのできる機械である。
17　既存の楽曲や音源を混ぜ合わせて、新しい楽曲に作り直すこと。

風にして楽しんだっていう。

音楽ってどうやって選ぶのか。それはDJが自分のセンスで選ぶんだよ。だからDJが一番偉いっていったらあれだけど、パーティの中心なんだよね。これはもう本当、果てしなく深い。

――どんなふうにラップの歌詞って作ってるんですか。

晋平太　みんなに教えたのの延長なんだけど。教えたじゃん。みんな作ったじゃん、ラップの歌詞[18]。まず自分の人生からとか、考えてることから書いてみる。じゃあ韻を踏んでみよう、とか、フロー[19]、歌い方ね、歌い方にこだわってみよう、とか、いろんなことを気にしながらちょっとずつ上手になっていくんだよね。最初は、歌詞を書ければいいじゃん。歌詞を書けてリズムに合わせてうたえたらいい。でももっとうまい人っていっぱいいるじゃん。自分もうまくなりたいなって思ったら、細かいことにこだわってって。じゃあリズムの取り方変えてみようとか。いろんな楽しみ方があるんだよ。ストーリーを話してみようとかさ。俺はパンチライン[20]って呼んでるけど、パンチラインをどっか入れたいなとか。そうやって作ってく。

でも、自分の話を歌詞にすること、アルバム１枚だったら何とかなると思うんだ。生まれたとこから今思ってることまでを歌詞にしてアルバム１枚10曲ぐらい作りました。でもラッパーってそこから何枚もアルバムを作んなきゃいけないわけ。そうなってくると、自分の身の回りにあること、トピック[21]っていうんだけど、何をうたうのかっていうのをすごく気にしながら作ってかないと、同じような曲20曲も30曲も作ってもしょうがないじゃん。そういうふうに作ってく。最初はもう本当、自分のことを書いていく。ちょっとずつ技術を上げていく。それで困ってきたら、トピックを探す。何でもそうだと思うんだけど。トピックがないと定まんないじゃん。ていうふうにやってくんだけど。

18　質問者の学生は、晋平太からラップの作り方をインタビュー以前に教わっている。
19　歌い方、歌いまわし。
20　話の聞かせどころ、おち。
21　話題、話の種。

――それを、曲に乗せていくとなると語彙力だったり大事だと思うんですけど。

晋平太 語彙力とか表現力とか、感性とか、それどうやって身に付けるのかって言われると、どうなんだろうねえ。みんなも日々生きてるわけじゃん。日々生きてる中でのアンテナをすごく張っとくんだよ。この音楽いいなとか。こうやっておしゃべりしてる中でも、知らないことばとか出てくる可能性がある。例えば、あなたはそういうふうに思ってんだとか。俺の考え方と違うなってなったときとかって、面白いじゃん。じゃあそのことなんか表現できないかなって。これを表現することばってどういうことばなのかとか。探していく。

あとは、みんな語彙力がって言うんだけど、語彙力が本当にたけてる人って、少ないと思うんだよ。ラッパーの中でも、すっごいいっぱいことばを知ってなきゃできないわけじゃない。でも自分の感情に合ってることばをいくつか知ってて操れればいいと思うんだよね。

あとは日々いろんなものを見たり、テレビでもマンガでもネットでも、いろんなところにことばなんてあるわけじゃん。そういうところにアンテナを張っとく、ていうふうにしてると増えるんじゃないかって思う。俺はね、子どものときから本、読むの好きだったから、今もうほとんどマンガしか読まないけど。でもマンガだって、マンガってやばいじゃん。めちゃくちゃマニアックなことを、絵を付けてめちゃわかりやすく丁寧に説明してくれる。あれ一冊読んでもものすごい知識が入ってくるよ。あらゆるジャンルの。そうやって俺は知識を、集めてるわけじゃないけど、勝手に入ってくるっていう状態にしてるかな。

――それを身に付けた上で、即興でラップするっていって、難しくないですか。

晋平太 そうなんだよね。みんな難しいと思ってるじゃん。難しいと思ってるやつには難しいんだよね。この間、埼玉大の小学校に行ったから[22]、あいつらに、じゃあこっからフリースタイル[23]しようぜっつって。今思ってること何でもいいからラップにしよう。じゃあおまえから、言えっつって、やったら、子どもたちやりそうな気がしない？ てことは簡単じゃん。

22 晋平太は本インタビューの前に埼玉大学附属小学校5年生を対象にラップの授業を行った。
23 即興でラップをすること。

すべての物事って、見る角度によって全然違くて、絵１枚描いてくださいって言われて、ああ絵１枚描けばいいんすねって思えるか。いや、絵なんて描いたことないんで無理ですよって思うかの違い。それってつまり、絵描けって言われているだけで、とっても上手な絵を描けって言われてないじゃん。てことは誰でも描けるじゃん。即興でラップするのも、とっても上手に即興でラップしようと思ったら難しいよ。ものすごく鍛錬というか慣れも必要だしさ。

でも、即興でラップをしようってだけだったらそんなに難しくないね。パン、パン、って手拍子に合わせて、私は、今、初めて、即興で、ラップをやってます。難しいと思ったけど、やってみたら楽しいです。とかでもいいわけじゃん。

だから、捉え方次第だと思う。上手にやるのはもちろん難しいけど。だって今、おしゃべりをして、キャッチボールしてるじゃん。俺の言ったことをあなたが受けて。これも即興じゃん。て考えると、そんなに難しくない。大丈夫、大丈夫、みたいな。みんなできるよって思うな。捉え方で全然違うんだよ。

——ラッパーとブレイクダンス、グラフィックアート、DJとはどんな関係があるのですか？　共同して一緒にやることとかってあるのかなって思いました。

晋平太　簡単に言うと、その昔、ヒップホップが始まったとき、サウスブロンクスで何が行われたのか、パーティが行われてたって言ったよね。娯楽なんてないし、そのパーティをみんなすごく楽しみにしてた。DJが音楽をかける。DJが音楽をかけたら、ノリノリで踊りたいやつが出てくるじゃん。踊りたいやつが発展させたのがブレイクダンス。

その踊りたいやつが、パーティに来てる人たちを一緒にあおったり盛り上げる必要があるじゃん。それがラップ。空間、ただこういう部屋[24]でパーティしたくなくない？　殺風景でつまんないじゃん。じゃあそこにアートで雰囲気を出す人がいるじゃん。必要じゃん。それがグラフィティ。だからそういうふうに全部必要で、ヒップホップになるのよ。本来ね。始まりはそうだったわけよ。

そのパーティにいろんなやばいやつがやってくる。あいつ、グラフィティで

24　晋平太がインタビューを受けた場所である大学の教室。

有名な誰々だぜ、とか。あいつはダンサーで有名なんだ、とか。あいつはラッパーで有名なんだよ、とか。そういうふうに一緒になってった。ヒップホップの何がやばいって、前も言ったかもしれないんだけど、絵とかダンスとか、ことばとか、皆どれか１個ぐらい得意なんじゃない？　って思わない？　おしゃべり得意なやつもいるじゃん。おしゃべり全然できないけど運動神経、超いいやついるじゃん。おしゃべりも運動神経も良くないけど、音楽めっちゃ好きで知識があって、場の空気を作れるやつとかいるじゃん。そういうの全然できないけど、絵、描かせたらやばいやつとかいるじゃん。誰かしらに当てはまる４つの入り口があるっていうのがすごいヒップホップのいいところよ。

だからそういうふうに相関的に関係があるんだよ。音楽を作ったら、音楽をかけたら踊ってくれる人が欲しいじゃん。踊ってくれる人をより盛り上げたいじゃん。その空間を彩りたいじゃん。CD作ったり、ジャケットとかかっこよくしたいじゃん。ヒップホップってそもそも全部相関で、関わりがあるんだよね。でも、それがどんどん別々になっている。本当は一緒にいたほうがいいよ。だから今でもみんな一緒にやっているパーティとかある。共同して何かやることがあるの？　って言われたら、パーティ。ヒップホップって、パーティをすごく大事にしてるから。共同してやることはパーティなんだよね。

パーティって言われてもなって感じだよな。そうだよな。パーティするためにやってんだよね。だから、パリピ[25]なんですよ。パーティがしたいの。それがもう最高だから。何のためにやってんですかって言われて、パーティのためにやってますって、ちょっとインテリジェンスに欠けるよね。でもパーティって平和じゃん。そこだけはピースでいれるじゃんっていう必要があったんだと思うんだよね。みんな仲良くするっていうのが何よりも大事なことなんだよ。

2．もっと知りたい一歩踏み込んだラップの疑問

――ラップバトル[26]の勝ち負けってどんな基準で決まるんですか。

晋平太　勝ち負けはね、基準がないのよ。それぞれ感性があるじゃん。フィギュアスケートみたいに、３回転飛んだから５点とか、あんまりそういうふうにやってないわけ。１回、韻踏んだから、最高だね10点とか思う人もいれば、いや、でも今の韻は、あんまり状況にそぐってなかったじゃん。じゃあ意味ないよっつって、３点しか付けない人もいたり。

だからどういうことかっていうと、基本的にラップバトルって、オーディエンス[27]がジャッジするの。今は審査員が増えてるけど、オーディエンスがジャッジするってことはみんなが決めてるの。だから、みんなの気持ちを、より、俺たちのことばで、ロック[28]するっていうんだけど、ロックしたやつの勝ち。

その方法は、いっぱい韻踏むやつもいれば、歌みたいにうたうやつもいたり、すげええげつないことを詩的に言うやつもいたり。好き嫌いとその場の勝ち負けっていうのはみんなが決めるの。あんまなくない？　見てる人が決める勝敗って。だから結構難しくもあるし、面白いかなって思うんだよね、俺は。本当、

25　パーティピープル（party people）の略。パーティに集って盛り上がる人と同時に、社交的で明るい人を指す俗語。

26　MCバトルともいう。ラッパーが即興でラップをして、バトル相手のラッパーと競い合う。

27　聴衆。

28　卓越した素晴らしいパフォーマンスをすること。競争の場において相手より優れたパフォーマンスをすること。

会場をロックしたほうが勝ちなんだよ。

――わかりやすいんですか、勝敗って。

晋平太 勝敗って多分みんなも見てれば、何となくわかると思う。こっち勝ったっぽいなぐらいしかわかんないじゃん、正直。でもそれでいいっちゃあいいんだよね。例えばうちの親とか、でっかい大会とか見に来たことがあるんだけど。ううん、つって。なんかよくわかんないけど、勝ち負けはわかる気がする、みたいな。何となくわかるんじゃない？　やってるこっちもわかるし。そういうもんなんだと思うよ。だから、MCバトル[29]とかの動画見て、自分で考えてみる。こっち勝ちっぽいなって。それでいいの。自分で決めていい。

――「ヒップホップってパーティの文化」っておっしゃっていたんですけど、ヒップホップのファンっていうのは実際どんな感じの人が多いんですか。

晋平太 変わったやつが多いよ。どういう人が多いんだろうね。ヒップホップのファンね。何となくだけど、どっちかっていうと、はみ出し者って言ったら言い方悪いけど、例えばわざわざヒップホップに触れなくても満足できてたらそれはそれでいいじゃん。毎日の暮らしとか、テレビとか、有線とかから流れてくる音楽だけで満たされてるんだったらそれはそれで全然いいじゃん。

けど俺たちはそれじゃあ物足りないっていうか、テレビのドラマとか見てても、嘘じゃねえかこんなの、みたいな。見たことねえよ、こんなやつらと思う。そうしたら違うものを見たくなるじゃん。もっとドープ[30]な映画あるよ、とかさ。音楽聴いて、全部恋愛の歌じゃない、とかさ。しかもそれが、ふわっとしたさ。ふわっとした恋愛の歌以外ってないのかなとかさ。その現状に満足できないやつが多いんだと思うのよ。もっとかっこいいものとか、もっと誰も知らないようなことないのかなって。

基本的に、ヒップホップのファンって、マニアが多いんだよ。それが何のマニアになるかっていうだけの話。アニメのマニアとか、そういうのはオタクだと。俺はでも、絶対にラップオタクだし、ヒップホップオタクなのね。DJだ

29　ラップバトルと同じ意味。

30　やべえ、最高の意味。

って音楽オタクだし。そのどれかとか、ファッションオタクでも何でもいいんだけど、凝り性でオタク気質で、割とはみ出し者、でもパリピ、みたいな。そういうやつが多いんじゃない？　だからすっげえ変わったやつが多いんだけどさ。特にやってるやつは。そういう感じの人が多い気がする。でもいいやつ多いけどね。すてきな人が多いよ。

——ラップとかヒップホップやってる中で、使っていいことばと、これは使っちゃ駄目ってことばのボーダーとかってあるんですか。

晋平太　いや、基本的にないし、何を言ってもいいとは思う。俺はね、ヒップホップのルールではないけど、特定の人を不快にさせたり、傷つけたりすることばっていうのは、もちろんバトルをするわけだからいろんな局面があるわけなんだけど、ないほうがいいんじゃないかなって思うな。

これはすごくみんなに覚えといてほしいんだけど、俺たちが絶対に使っちゃいけないことばっていうのは、Nワード[31]っていうんだけど、黒人の人を前にして、黒人の人のことをニガーっていうことなんだよ。それは、奴隷主つまりマスターが奴隷に対して使ってたことばなのね。でも黒人同士は、お互いのことをニガーって呼ぶんだよ。ラップの歌詞を聴けばめちゃくちゃ入ってる。でもそれを黒人の人以外は絶対に言っちゃいけない。どんなに親しい人に対しても駄目。人種間に対するそういうことっていうのは、言っちゃ駄目だよね。

例えば俺らが、外国人に、イエローモンキー[32]って言われたら、ぶち切れなきゃいけないんだよ。それってすごく失礼なことだから。俺らでも、みんながそれに対して怒るかどうかは別としてね。俺だったら怒る。黒人に対してニガーって言うのはそれと全く一緒。言ってはいけないっていうことば。それぐらいじゃない？　だから、相手に対してリスペクト[33]に欠けることばはやめたほうがいいんじゃないかなって思う。

——ラッパーさんって少し怖いと、ていうか、いかついイメージをもたれてる

31　アフリカ系の人々を意味する蔑称。
32　東洋人や黄色人種に対する蔑称。
33　尊敬すること。

方もいると思うんですけど、そういうのはどこからくると思いますか。

晋平太 いや、始まりからそもそもいかついもん。じゃない？ だってギャング[34]が抗争を止めるために始まった音楽だよ。このままじゃ全員死ぬっつって。じゃあパーティにしようっつって。始まりからいかついんだけど、さっき言ったみたいにいろんなはみ出し者とかが、はみ出してればはみ出してるほどかっこよく見えるし。あとはファッションとかさ。お世辞にも礼儀正しそうなファッションではないじゃん。ストリートカルチャー[35]だからさ。ことば遣いとか動きとか。普通の人が見たら悪そうだよねっていうことなんだと思う。

あとは、ギャングスタラップ[36]っていう種類があったり、自分が、悪いぞっていうことを自慢するような風潮もラップにはあるんだよ。それが好きな人もいるしさ。それが自分のスタイルじゃん。悪ければ悪いほどリスペクトされるっていう側面もあるから。なかなか他にそんな音楽ないじゃん。あの人、超悪くてかっこいいってさ。なり得ないじゃん、普通。ヒップホップだとなり得るんだよね。だからそういう、部分もあるよっていうこと。

でも悪そうとかいかついとかって、それは部分じゃん。いろんな物事の一部分だよね。ヒップホップはすごく懐の広い文化だから、そういうイメージもあるのかと思うよ。でもそれは、和食って言われて、刺し身ね、和食って刺し身だよねって決め付けられたら、違和感ない？ いや、天ぷらもあるし、みたいな。いや、煮物もうまいし。いやもっと「出汁」だし、みたいなさ。あるじゃん。そのステレオタイプ[37]、しかもすごく印象の強いステレオタイプなんだと思う。でも一部だよ。それも大切に必要な要素だし、いかつい人たちがやってる音楽だからそれもリスペクトしないとねっていう感じかな。

――次に、ラップバトルに練習とかはあるんですか。

晋平太 ラップバトルの練習って言われると謎なんだけど。サイファー[38]って

34 暴力的な集団または若者の集団。
35 生まれ育った街、貧困で治安の悪い地域をストリートという。そういった地域の文化。
36 ギャングスタとは乱暴、奔放、大胆な男性・女性という意味である。ギャングスタラップには、暴力や差別などを扱った危険な地域の現実が描かれている。
37 偏見。

話、したっけ？　要はサイファーって、ラッパーが数人いて駅前とかでよくやってるから見たことあるかもしんないんだけど。ビートかけて、ひたすらフリースタイルするのよ。ずうっと。一晩とかさ。それは俺たちにとっては遊びなんだけど。でもそれは遊びでもあるし練習でもあるじゃん。

実際、バトルの練習をするっていう人は少ないと思うけど、フリースタイルの、練習じゃないけどサイファーをする人ってのはすっごい多いよ。だからラップの練習っていうのはそういうサイファーでやるわけよ。それが練習なんじゃないかな。

——ラッパーの方は結構男性のイメージが強くて、女性の方のイメージはあんまりないんですけど、女性の方のラッパーもいらっしゃるんですか。

晋平太　いるいる。いるよ。日本にもかっこいい女性のラッパーめちゃくちゃいる。けど、圧倒的にラッパー100人いたら99人は男じゃない。でも、多分それもこれから変わってくると思う。今、アメリカでグラミー賞取ったり、すごく売れてるラッパーって女性がすっごい多いの。最近だけどね。ニッキー・ミナージュ（Nicki Minaj）[39]とか知らない？

——知ってます。

晋平太　ニッキー・ミナージュとかだったら知ってるじゃん。ニッキー・ミナージュっていうすっげえ、強烈な感じの女子がいるんだけど。その辺ぐらいからすごい増えてきて。これから増えるんじゃない？　っていう感じ。けど、圧倒的にヒップホップが始まって50年ぐらい男社会ではあったよね。でもこれから変わってくる。それこそ世界もそうじゃん。多様性っていうのが必要じゃん、ていわれてて。ラップの世界ももちろんそれは一緒で。女性のラッパーが

38　輪になってフリースタイルのラップをすること。

39　アメリカのラッパー、シンガーソングライター。1982年ニューヨーク市生まれ。

ニッキー・ミナージュ
『クイーン（Queen）』
ユニバーサルミュージック、2018年。

出てきたり。例えばリル・ナズ・X（Lil Nas X）[40]っていうラッパーが今すごく売れてるんだけど、その人は同性愛者だったり。だから、女性のラッパーは今は少ない。少ないけどこれから増えると思うよ。

——ラップはあおったり、自分のすごさを見せつけたり、悪いこと自慢したりとか様々あると思うんですけど、恋愛系とか感動系のラップっていうのもあるんですか。

晋平太　あるよ。いっぱい聴いてみて。アルバムを作るって話をさっきしたじゃん。「俺ってすごい」ってテーマだけで10曲作るのきついじゃん。大体アルバムに1曲ぐらいラブソングが入ってる。1曲ぐらい感動する優しい感じのも入ってる。

人間にはいろいろな側面がある。人間、表には出さなくても皆、恋愛だってするじゃん、どんなこわもての人だって。優しい気持ちだってもってるじゃん、みたいな感じで。感動系のラップって全体の数からすると10分の1とか、もっと少ないかもな、みたいな。でもとても感動するラップとかいっぱいあるよ。日本語のラップだったらみんなわかると思うから、なんかお薦めとか俺が持ってくればいいんだよね。なんか探してくるよ。みんなが聴けそうな。みんなが思ってるラップってこれでしょう？　みたいな。でもこれすごいよくない？　とかさ。いろいろある。あるある。

——次に、日本のラップのいいところって、どんなところだと思いますか。

晋平太　日本のラップっていうわけじゃないんだけど、特に俺は日本人で日本語しかしゃべれない。だから、英語のラップ聴いたときに、かっこいいなって思って俺もずっと聴いてたんだけど、でも意味がすっと入ってくるわけじゃな

40　アメリカのシンガーソングライター、ラッパー、メディアパーソナリティ（Twitter、Instagram、YouTubeなど）。1999年ジョージア州生まれ。

リル・ナズ・X
『MONTERO (Call Me By Your Name)』
Columbia Records, a Division of Sony Music Entertainment、2021年。

いじゃん。でも最近日本のラップを聴いてると、意味めっちゃすっと入ってくると思わない？

俺はなんかしてるときに日本のラップって聴けないのよ。ご飯食べてるときとか、テレビ見てるときとか、みんなでお話ししてるときとかに日本のラップがかかってると、もう意味が入ってき過ぎて気になってしょうがなくなっちゃって。でもそれだけ、すって入ってくるってことじゃん。日本のラップって日本語で俺らに向けて歌ってるから、めちゃくちゃダイレクトに心に入ってくる。意味がわかる。すごさが伝わる。多分、外国人もそういう感じでラップを聴いてんだよ。外国人が英語のラップを聴いてるときってそのぐらいストレートに、めちゃくちゃ、バシンってメッセージが入ってきて、しかもラッパーがスーパースターでかっこいいと憧れるじゃん。日本もやっとなんかそういうふうになってきたって思う。

どうしても日本のラップってアメリカのまねの部分が多かった。英語みたいに日本語でラップを聞こえるようにとか。それだと日本語がバシッて入ってくるのとはまたちょっと違う形になっちゃうじゃん。それはそれでいいんだけど、最近のラップはすごい日本語がどんって心に入ってくる。それがみんなに共有できて想像できる。例えば俺の「ボコボコのMIC」[41]を聴いてもらったけど、一回聴いたらどういう曲がわかるじゃん。こいつどういうふうに生きてきたのかわかるじゃん。それが日本語のラップのいいところなんだと思うんだよね。ことばがダイレクトに入ってくる。

——ラップに向いてる言語と向いてない言語ってあると思いますか。

晋平太　あるのかな。でも日本語はめちゃくちゃ向いてないっていわれてるよ。結構、単調だし、アップダウンがないじゃん。中国人とかがしゃべってるの見

41　晋平太の楽曲、2020年５月リリース。

晋平太
『ボコボコのMIC』
RUDECAMP RECORDS、2020年。

ると、めちゃくちゃ怒ってんのかなとか、ことばに抑揚があるじゃん。でも日本語って平たんなんだよ。だから向いてないっていわれてた。けど俺は日本人で、日本語でラップをするのが、日本語でラップに向いてないなとは思ってない。

先輩たち、例えばラップを始めた人の一人、偉大な一人に、いとうせいこうさん[42]っていう人がいる。いとうせいこうさんって知ってる？ テレビとかにもよく出てるんだけどさ。いろんなことができる人なんだ。その人は日本語でラップを始めたパイオニアの一人なんだけど、ものすごく大変だったって。ことばが跳ねないし、どうしてもアメリカのラップみたいにならなくて、ものすごく苦労したんだよっていう話をこの間してくれたんだ。俺の先輩たちはみんなそう言うんだよ。

でも俺は日本語でラップをしてるのを聴いてラップを始めたのよ。その先輩たちの。だからそれをすごくかっこいいと思ったし、向いてないなんて思ったことは一回もない。だからどの言語にもあるんじゃない？ フランス語とかだって、ラップのイメージとはちょっと違うっぽいなとか。アフリカのことばとか聞いたことないんだけど。だから、本当はどのことばでもできるし、向いてないことばなんてないんじゃないかな。

けどそれを思ったとおりにラップやるのはどの国も難しかったんだ。どの国にもラップあるからさ。インドにもヒップホップあるし、アフリカにもある。ていうか世界中にあるわけよ。世界で一番売れてる音楽だからね。インドのラップとか、ノルウェーのラップとかさ。みんな苦労して自分のものにしてってんだと思う。最初は大変なんじゃない？ でもどんな言語でもできるところが

---

42 日本の作家、ラッパー、俳優などクリエーターとして幅広い領域で活動している。1961年東京生まれ。

いとうせいこう
『オレデスム』
ソニー・ミュージックレコーズ、1992年。

やばいところだと思う、俺は。

3．晋平太の個人史とラップ

――晋平太さんにとってラップはどんな存在ですか。

晋平太　ラップはどんな存在……。「ラップは俺の人生だ」って言えるぐらいの存在ではある。ラップをしてない、俺、小林晋平っていうんだけど、小林晋平を好きでいてくれたり、受け入れてくれたりする人って、家族とか、地元の仲間とかしかいないんだよ、もう。俺を、晋平太として接している人のほうが圧倒的に多い。晋平太じゃなかったら価値がないのかって言われたら、そんなことはないんだけど。

でも今みんなの前で、授業の一こまだよ、ゼミ[43]の、すげえ貴重な時間をもらっている。そしてみんながこんなに熱心に話を聞いてくれる、はたまたそれがテレビが撮ってる[44]よとかさ。それってラップがあるから。小林晋平がそれをしたいって言っても、いや、誰ですかってなるじゃん。そのぐらい大きな存在だよね。ラップしてない自分とか、ラップしてなかったら何してますかとかよく聞かれるんだけど、してなくないからわかんないんだよな。

みんな人生、これから仕事をしたり家族ができたり、一番人生に時間を費やすものが出てくると思うんだけど、間違いなく俺にとってはそう、ラップがそれなんだよね。今までの人生だけどね。多分これからもそうなんじゃないかなと、うすうす思ってる。

――ラップが人生っておっしゃってたんですけど、ラップをしていてやめたいなって思ったことってないんですか。

晋平太　ラップをやめたいと思ったことは、ない。だけど受け入れられなかったり、認めてもらえなかったり、世の中に出れなかったりしたことがあった。そのときは、ラップするのがつまらないからやめたいんじゃない。そうじゃな

43　インタビューは授業（ゼミ）の時間に行われた。

44　番組作成のためのNHKの取材もインタビューと同時に行われた。

くて、自分が受け入れられないからラップやってるせいで苦しいんじゃないのかなって思ったことは何回もあるよ。やめりゃあ、まじで楽だろうなとか。普通に生きりゃあいいじゃんとか。普通に生きるのだって超大変だけどさ。

でもそれはラップがつまんないからとかラップが嫌いだからじゃないよね。自分がいけてないとか、自分が認めてもらえない、受け入れてもらえないっていうのは、自分の問題じゃん。ラップが嫌いでそういうふうに思ったことはない。

――そもそも、どうやってラッパーになったのですか。

晋平太 どうやってラッパーになったんだろうね。ラップが好きだなって思って、書いてみるじゃん。それを毎日やるじゃん。そしたら人に聴かせたいじゃん。友だちが聴いてくれるじゃん。大会に出るじゃん。ちょっとずつ勝てるようになるじゃん。聴いてくれる人が増えるじゃん。世の中に少しずつラップが広まってくるじゃん。

みたいなこと、一個一個ひたすら繰り返して、今もそうだよね。今、これをやるじゃん。これをやったことによってみんなが埼玉大学附属小学校教えに行くじゃん[45]。ていったらその先が絶対できるじゃん。俺は今ここで止まることをやってるわけじゃないから。みんなに教えて、みんながヒップホップを教えに行くわけでしょう？　そしたらその先に小学生がやるわけじゃん。

そっから先はもう未知じゃん。それを見て、それがテレビで流されたとしよう。NHKだから、下手したら世界中で観られるのよ[46]。アメリカにいる人だって観られたり。ていったら、そいつらが俺をどこに呼ぶかはもうわかんないじゃん。やばくない？　これをどっかの離島の教師が見てて、もしかしたら、やりたいって言うかもしれないじゃん。ていうのの繰り返しでここまできてんだよね。ラップやって、俺のとこでも歌ってよ。テレビが、おうっつって、一個一個やってたらここにきた。これからもそうなっていくんだと思うんだけど。

45 2021年6月17日(木)に晋平太が埼玉大学附属小学校5年生の「おおとりの時間」(総合的な学習の時間)でラップの授業を行った。

46 埼玉大学附属小学校のラップの授業はNHKによって取材された。

——ラップバトルの質問とちょっとかぶってしまうんですけども、ラップってどうやったらうまくなるのかなって。

晋平太　全部じゃない？　興味をもつって、好きになって努力したらうまくなるよ。このラッパーかっこいいな、超好きだな。こういうふうにラップするにはどうしたらいいかなっていうのをいろんなラッパーでやる、みたいな。だから好きじゃなきゃ絶対無理じゃん。ちょっとでもうまくなりてえなとか。ちょっとでもかっこいいラップ書きたいなとか、じゃない？

それがあったらもう努力とかないわけよ。だってそんなの努力じゃないじゃん。好きなことを一生懸命、夢中になってやるってさ。やってるやつは努力だと思わないんだよ。好きになって夢中になったら自然とうまくなる気がするけどな。それが一番の練習なんじゃない？　好きになるってこと。ずうっと聴いて、ずっと聴いているってこと。そしたら頭の中そのことしかなくなっちゃうのよ。頭の中でラップのことばっかり考えてる。そうなると日常生活に支障を来すから、お勧めはしないけど。ラッパーの脳みそなんてそんなだと思うよ。そんなだった、俺も。今はいろんなやることがあるから違うけど、それにばっかり夢中なわけじゃない。みんな初めはそうやってうまくなっていくんだ。

——ラッパーを人生においてどのタイミングで、俺もうラッパーしかないなって思ったというか、ラッパーを目指したのはいつ頃ですか。

晋平太　ラッパーしかないなんて思ったことはないんだけど、どうやらラップが一番いいっぽいな、みたいなふうに思ったのは、中学生ぐらいでラップを聴いたとき。18歳ぐらいになってくると、大体、自分の頭の良さとか、自分にできることとかわかってくる。プロ野球選手とか無理じゃん。一流会社のサラリーマンとかも無理なわけだ。無理じゃないよって言われても無理なのよ、もう。ある程度、埼玉大に行ってりゃ結構なとこまでいけるとか、あるじゃん、そういうのって。そのときに自分のやりたいことで一番がラップかなって思ったんだよね。ラップだったらまだ可能性あんじゃねえかなとか。

とにかく、野球少年がプロ野球選手に憧れるように、今の子とかだって大谷翔平[47]とかに憧れてるわけじゃん。俺もラップ少年で、世界中、アメリカだよね、アメリカのラッパーたちが、ものすげえ成功してるわけ。大金持ちだし。この遠い日本の田舎にいる俺にまで、ものすごい影響力を与えてくれた。それでこれしかねえ、みたいな感じで、やったね。

でも、俺がラッパーで食えるようになったのなんて、別に食うためにやってるわけじゃないけど。ラッパーになることはほぼ目標だったから。でも30歳ぐらいまで俺、郵便配達とかしてたしさ。バイトすげえいっぱいやってたし。そのときに思ったのは、俺、どの職場でも最終的にはクビみたいな。

俺の大好きなラッパーでブルーハーブ[48]って人たちがいるんだけど、その人たちも全く同じことをラップで言ってて。どのバイトも最後はクビ、一番続いた仕事がラッパーって言ってんだけど。俺もそういう感じで。やりたくないことやってたから。郵便、配りたいわけじゃないからさ。１秒でも早くそれを終わらして、ラップの練習に行きたかったのよ。そうするとミスが超多いじゃん。郵便のミスって誤配っていうんだけど、自分ちのポストとかに知らない人の郵便が入ってたことない？　そういう現象がまれにあるんだけど、俺はその誤配率、中野北郵便局ってとこで働いてたんだけど、ぶっちぎりでずっとトップだったの。好きなことやってないと、俺は人に迷惑掛けんのよ。だったらラップ一生懸命やったほうがいいのかな、みたいなふうに思った。

——ラップをやっててよかったなと思うこととかってありますか。

晋平太　全部だよね。今やってることすべてラップのおかげなんだよ、俺。イメージしづらいかもしれないけど。まじで全部それがなかったら、ないのよ。ていうか、生活がないしね。俺、ラップ以外のこと、仕事でやってないから、今。それによって仲間ができていくわけだよ。今こうやってみんなと知り合っ

47　岩手県出身のプロ野球選手。ロサンゼルス・エンゼルス所属。

48　ザ　ブルーハーブ(THA BLUE HERB)は、３名で構成されるヒップホップグループ。1997年に札幌で結成された。

ザ　ブルーハーブ(THA BLUE HERB)
『2020』
THA BLUE HERB RECORDINGS、2020年。

て。俺の好きなことを一緒に子どもたちに伝えていく協力をみんながしてくれんだよ。それやばくない？　すごくない？　それやっててよかったなって思わざるを得ないじゃん。それが広がってくんだよ。全部。全部だよ。ほんとに。ラップやっててよかったよ。生きてる、それで。

4．これからラップを始める人へ

――最後になってしまうんですけども、私たちがラップを始めるには何から始めたらいいのかなって思って。

晋平太　もう既に始まってるから。かなり特殊なケースでみんなはラップを始めてるからね。いまさら遅いぞ、こんなこと聞くの。おまえはもう始まっている。

――ラップを全く知らない人がラップをして、そこから何をすればいいのかなって。

晋平太　好きになったらいいよ。好きになってくれるように俺もやってるわけだし。いいところを探して好きになってくれたらいいんじゃない？　興味もってくれたらもうそれでいいよね。いいんだよ、１曲聴くとかさ。だってゼロだったのが、それが１になってくわけじゃん。間違いなくゼロだったのが１にはなってるから。ゼロを１にするほうが大変なんだよ。１を100にするより。だからもう始まってるから、もう勝手に、しっくりきてれば聴くだろうし。ニッキー・ミナージュを知ってる時点でだいぶこっち寄りだからねって感じだと思うけどな。

――「ボコボコのMIC」[49]を本書で提案する授業の教材とさせていただきます。それで、どのように作られたのかとか、どんなふうに子どもたちが聴いたらよいのか教えていただけますか。

晋平太　どういうふうにして作ったのかって、みんなが作った自己紹介ラッ

49 「ボコボコのMIC」（2020）は本書の教材としても取り上げている。晋平太の個人史がラップとして表現されている。

プ[50]とほとんど一緒なんですけど。まずいろんな物事のタイミングで、自分のことをしっかり自己紹介しなきゃいけないじゃないですか。いろんなとこで。すべての人が僕を知ってるわけでももちろんない。俺のことわかってもらいたかったら俺のラップを聴くのが一番で。

例えば、いろんな街に俺はライブに行く。行ったときに大体「ボコボコのMIC」を1曲目にうたう。1曲目に歌ったら取りあえず自己紹介終わってるじゃん。それってすごく大事なことじゃない。どこどこの誰々です、今から何しますっていう、紹介文じゃないですけど、「ボコボコのMIC」は自分で自分をすごくざっくり紹介しているっていう感じで作ったんですけど。

——歌詞の中に、勝ち負けの……。

晋平太　（勝ち負けの）先に価値があった[51]。

——「勝ち負けの先に価値があった」とか、「ボコボコのMIC」のラップの中には良いことばがいっぱい入ってると思うんですけど。どういうことを感じて書かれたのですか。

晋平太　簡単に言うと歌詞の1番で、自分のラップを始めるまでの話っていうか、ラップを始めて今まで生きてきた人生のすべてではないですけど、なるべくわかりやすくその話をして。その中でみんなもそれぞれ、コウタだったらマラソン[52]とか、あるじゃん。俺にとってはラップバトルがそうだった。歌詞の2番でそのラップバトルで感じたこと。その何かを一生懸命やってればいろんなことを感じるじゃないですか。その中で感じたことを、2番はことばにして。それは料理人を目指してたら料理のことになるだろうし、僕はラップバトルずっとやってたんで、バトルの中で思ったこと、勝つためにずっとバトルをやっていたんだけど、勝つのってすごい大事なんですよ。多分、勝ってなかったら僕はここにいないんで。

すごい大事だったんすけど、でもそのために何でもありかって言われたら、

50 「ボコボコのMIC」の歌詞は、94～98ページを参照。

51 「勝ち負けの先に価値があった」は、「ボコボコのMIC」のラップの一部。

52 コウタは、インタビューをした学生の名前。マラソンを高校生のときから続けている。

今はそんなふうには思わなくて。勝つために努力はすごくしたし、それは自分にとってよかったなって思うんだけど、でもそのときってすごく苦しかったし。例えば、すごく人にとって嫌な思いをさせてたりしたんじゃないかな。自分が勝てば誰かが負けるわけだから。それに勝ち負けをつけるのが目的じゃなかったのにそればっかりになってたし。でも自分が生きてる価値っていうのはその勝ち負けの以外の部分なんだと本当は思うんですよね。っていうのはラップバトルを通して何となくですけど学んだんですよ、多分、俺は。そう思ったことを、2番は特に曲にしたんですけど。

――「ボコボコのMIC」のラップの後半には、ラップをやめていった人はたくさんいたって[53]うたっていますよね。

晋平太　それは歌詞の3番なんですけど。1番2番3番、1ヴァース2ヴァース3ヴァースっていうんだけど、1ヴァースで自己紹介をして、2ヴァースで自分の一番頑張っていたこととか、自分の人生で語れること、学んできた物事をテーマにしてて。

3番目は、同じようにヒップホップが大好きであっても。ヒップホップだけじゃなくてもいいんだけど、同じことしていた仲間でもずっと一緒にいるって無理じゃん。よっぽどじゃないとさ。人間ってそれぞれも進む速度も違うしさ。考え方も違うしさ。だから俺はラップを始めて、今もやってる仲間もたくさんいる。でも多分、何十倍も何百倍も、もうラップを、ラップ好きか嫌いかはもうわかんないけど、ラッパーとして生きるっていうことはやめてる人たちがいるわけよ。ほとんどの人がね。

俺は幸運にもこうにもそれを続けられていて。でもそういう人たちの代表なわけじゃん、俺って。何度もレペゼンっていうことば、言ったけど。そういうやつらの代表なんだよっていうことは自分でわかってるし。そういうやつらが見て、人それぞれ好みあるから、すべての人間を満足させることはできないけど。そういうやつが見て恥ずかしい人間ではいたくない。人によってはラップ

53 「ボコボコのMIC」のラップの後半の一部。

やめちゃって、それは挫折だったのかもしれない。でも挫折した先に何かを見つけていることだっていっぱいあるじゃん。

そうなったときに、ラップが駄目だったからやりたくない仕事をやって、毎日無駄に生きてるじゃなくて、同じようにラップが好きだったみたいに、自分の仕事とかやりたいことを好きになって生きててほしいじゃん。生活の手段なんて何でもいいんだけど。でも自分の人生を好きでいてほしいじゃん。俺はそう思う。いろんな人にそう、自分の仲間だったやつ、仲間。みんなにもそうだしね。自分の人生を好きで生きててほしいなっていう思いが、歌詞の３番かな。

俺はラップのおかげで、みんなのおかげでそういうふうに思えた。つらいと思ってたこともある。だけどバトルをやってたおかげで、やっとそういうふうに思うようになった。俺、まだまだやりたいことがいっぱいあるし、この先どうなるかもわからないけど。じゃあ明日死ぬとしようと、もうめちゃくちゃ悔いはあるけど、まあそう悪くないかなって思えるような人生を生きたいし、みんなにも生きてほしい。そりゃやり残したことめちゃくちゃあるよ。めちゃくちゃあるけど、大筋やりたいように生きてるからさ。自分の人生を愛して生きてるからっていうのが「ボコボコのMIC」の歌詞には入ってますかね。

埼玉大学における晋平太のラップの授業

——ありがとうございました。

＊晋平太へのインタビューは、2021年7月8日（木）13時30分～14時50分、埼玉大学教育学部で実施した。

インタビューに参加した学生：

島崎皓太、荒川結衣子、沼澤倫久、石田翔悟、石堂汐里、菊池巧真、平野莉乃、野々村真愛

ラップの授業にチャレンジ

晋平太が埼玉大学教育学部の磯田ゼミと、埼玉大学附属小学校５年生の「おおとりの時間」（総合的な学習の時間）でラップの授業を行った。「実践編　ラップの授業にチャレンジ」の部では、晋平太が行ったラップの実践を出発点に、ヒップホップを鑑賞する活動からラップを作る活動まで６つのテーマの授業を紹介する。

ここで紹介する授業は、社会、国語、音楽、道徳、総合的な学習の時間、学級活動といろいろな教科等で実践することができる。ほとんどの授業は、５年生から高校生、さらに大学生や社会人でも取り組める内容である。レッスンの内容は、ヒップホップ誕生までのブラックミュージックの歴史を学んだり、実際にラップを作ったり、ラップの歌詞に基づいて議論したりと色々な活動を取り上げている。人種差別、社会正義についての課題についての議論ができたり、あるいは子どもたちがラップで自己紹介、自己表現できるなどいくつかの観点に基づいた授業案である。

レッスン１からレッスン６までは、ひとつの単元として考えることもできる。一方で、いくつかのレッスンを組み合わせることもできるし、ひとつだけのレッスン単独で授業を行うこともできる。各教科や総合的な学習の時間、学級活動で、必要なところ一部分でも取り出して実践することが可能な内容となっている。

ラップには教育において大きな可能性がある。ここでの提案する授業は、ことばを豊かにし、わたしの考えを表現し、その考えを多くの人々と共有できる基礎となるに違いない。

レッスン１

ヒップホップの誕生まで――ブラック・ミュージックの歴史の基礎

テーマ　ブラック・ミュージックに親しもう。そしてヒップホップ誕生までの歴史について知ろう。

教科等　音楽　社会　総合的な学習の時間

対象学年　小学５年生以上

時間　全１時間(45 ～ 50分×１)

ねらい　アメリカの文化におけるアフリカ系の人々の影響を知る。そしてアフリカ系の人々が創造した音楽や文化の豊かさに気づく。

評価の観点

⑴　アフリカ系の音楽の歴史を振り返り、ヒップホップ誕生の背景について知る(知識・技能)。

⑵　ヒップホップはアフリカ系の人々が日々を楽しむため、そして日常を表現するための表現方法であることを知る(知識・技能)。

⑶　アフリカ系の音楽は、アフリカ系の人々が置かれてきた様々な苦難な状況をより良くするために創造されてきたことを考えながら、鑑賞することができる(思考・判断・表現)。

⑷　ヒップホップをはじめとするアフリカ系の音楽に関心をもちながら鑑賞することができる(学びに向かう力・人間性)。

展開

考える：アメリカについて知っていることについて意見を出し合う。
講義を聞く：ヒップホップ誕生までのアフリカ系の音楽の歴史について〈資料1〉を読みながら理解を深める。
鑑賞する：ジャズとヒップホップのビデオを鑑賞する。
考える・話し合う：アフリカ系の音楽の特徴について考え、話し合う。

教材

・ミュージックビデオ
B.B.キング(B.B.King)〈Every Day I Have the Blues〉
アフリカ・バンバータ＆ソウルソニック・フォース(Afrika Bambaataa & The Soulsonic Force)〈Planet Rock〉
ルイ・アームストロング(Louis Armstrong)〈聖者の行進(When The Saints Go Marching In)〉
ミシシッピ・チルドレンズ・クワイア(Mississippi Children's Choir)〈Child of the King〉〈Joy of My Salvation〉
・その他
ワークシート1「ヒップホップに親しもう」
資料1「アフリカ系アメリカ人の人たちと音楽――ヒップホップ誕生まで」

ヒップホップは、ニューヨーク市のアフリカ系が多く暮らすサウスブロンクスで発祥した。はじめに、ヒップホップの授業を展開する中で、知っておきたい基本情報として、ヒップホップ誕生までのアフリカ系の音楽についての簡単な歴史をまとめた。これから授業を行う際の導入として用いることができる情報と授業案である。

ヒップホップを含むアフリカ系の音楽には過激な表現も含まれている。しかし、それはアフリカ系の音楽だけではなく、クラシック音楽やロックなどの楽曲も同様である。いずれにしても、過激な表現が含まれる楽曲を授業で使うのはかなりの勇気がいる。そこで、ここでは、学校で使えそうなヒップホップやブラック・ミュージックの楽曲を選びいくつか紹介する。

1．ヒップホップ文化とアメリカの子どもたち

ヒップホップはアメリカの若者の中では大人気である。多くの子どもたちは、ヒップホップのファッション、ダンス、音楽にたくさんの影響を受けている。教師もヒップホップを無視することはできない。

あるアメリカのコーラスを指導する教師は、車を運転している最中にもヒップホップを聴き、子どもたちが親しむヒップホップ文化の理解につとめているという(Gurgel 2016, pp. 21-31)。ヒップホップについての話をしたり、ヒップホップを授業の中に取り入れていかないと今の音楽の授業は成立しないのかと思わされるエピソードである。

ヒップホップは、アメリカの子どもたちの日常に近い音楽である。特に、ラップはいろいろな楽曲の中で取り入れられるようになり、アメリカだけではなく、世界中で親しまれるパフォーマンスとなっている。例えば、韓国のBTS(防弾少年団)は、7人のメンバーで構成されるグループの中にもラップを担当するメンバーがいる。つまり、彼らのパフォーマンスの中にはラップの要素が盛り込まれているのである。BTSは、韓国だけでなく日本、そしてその世界の様々な国々に多くのファンがいる。このように、世界中のファンを集めるた

めにもラップを伴ったパフォーマンスの影響力は多大である。

あるアメリカの少年は、多くの人々が関心をもち、耳を傾ける表現形式として、そしてわたしの主張を伝えるための手段としてヒップホップが最適であると語ったという(Clay 2006, p.114)。その少年がいう通り、多くのメッセージを人々に伝える手段としても大きな可能性がヒップホップにあることは、誰もが認めている。特にラップは、たくさんのことばがリズムに乗って語られる。ラップを通して、たくさんのメッセージを人々に伝えることができるのと同時に、その人気から多くの人々の関心を得ることができるのである。その影響力について教師は、今、知らなければならいときが来ているのである。

2. ヒップホップ以前のアメリカのブラック・ミュージック

それでは、ヒップホップとは何か？　そしてどのような文化とつながって誕生したのだろうか。ここでは、簡単にその歴史を振り返る。

ヒップホップ歴史の原点は、奴隷からの解放と逃亡を願う表現である労働歌やスピリチュアルにある(Ladson-Billings 2015, p. 407)。スピリチュアルは、黒人霊歌とも呼ばれ、アフリカ系の人々の中から生まれた宗教歌である。

労働歌は、プランテーションで働くアフリカ系の人々が作業を繰り返す中で掛け合いながら言葉を重ね、リズムを作っていった音楽である。アフリカから奴隷として連れてこられた人々は、出身地や民族が異なりことばが通じないことがしばしばであった。そこで、互いが分かり合えるような簡単なことばを使って掛け合いながら、コミュニケーションをとりながら働いていたのである。そこでできたのが、コール＆リスポンス(応唱形式)である。例えば、「イェ～」などとミュージシャンが言ったら、聴衆も「イェ～」と同じ調子で応える掛け合いは日本のライブでも頻繁に行われている。これは、コール＆リスポンスの最も簡単な例であるといってよい。プランテーションで育まれた文化は、わたしたちの身近なところにも存在しているのである。

労働歌やスピリチュアルに込められたメッセージは、ゴスペル、ブルース、ソウル、ファンク、R＆B、そしてヒップホップに引き継がれていく。その中でも、ブルースには、愛する人に裏切られたこと、失業などアフリカ系の苦悩に満ちた日常が語られている。ブルースは、アフリカ系にとって憂鬱(blue)な日常がうたわれているうたなのである。

ブルースの名曲としてロバート・ジョンソン(Robert Johnson)の〈Cross Road Blues〉(1937)がある。その歌の中では、愛する女性が去って行ってしまったことがうたわれている。B.B.キング(B.B.King)の〈Every Day I Have the Blues〉(1955)は誰にも気にかけてもらえない孤独が表現された歌である。エディ・ボイド(Eddie Boyd)の〈Five Long Years〉(1952)も名曲であり、５年にわたって大切にしてきた恋人に去られた哀しみが表現されている。

ブルースの歌詞を読めば、出口のみつからないような憂鬱さが伝わってくる。それらは、大人であれば誰にでも経験があるような物語である。こうした物語をうたうブルースにわたしたちは共感する。同時に、ブルースからは、憂鬱な日々と近しいアフリカ系の人々の歴史や暮らしを知ることもできるのである。

一方、ゴスペルは、スピリチュアルの後に発展した宗教音楽である。アフリカ系の人々が通う教会でうたわれるゴスペルは、ブラック・ミュージックの音楽要素が多く詰まっている。リズム、コード進行、発声などはとてもユニークである。そういったアフリカ系のゴスペルのユニークさを知るためには、ミシシッピ・チルドレンズ・クワイア(Mississippi Children's Choir)の〈Child of the King〉(1992)や〈Joy Of My Salvation〉(1998)を聴くとよい。この二つのゴスペルは、アフリカ系の子どもたちで構成されたゴスペル合唱団によるパフォーマンスである。どちらの楽曲からもアフリカ系の子どもたちの才能を十分に感じられる力強い歌声を聴くことができる。

ヒップホップは、アメリカで誕生したゴスペル、ブルース、ジャズ、R&Bだけではなく、中南米のカリプソ、サルサ、スカ、レゲエといった音楽にも由来するという(Ladson-Billings 2018, p.411)。つまり、それはかつて奴隷としてアフリカから離散したアフリカ系の人々の気持ちが込められた表現と深く関わっているのである。アフリカから奴隷としてアメリカを中心に離散した人々は、それぞれの土地で様々な異なる文化と出会い新たな文化を創造してきた。音楽をはじめ、アフリカ系の人々が創造した文化は日本にもわたってきた。それは、ロック、ジャズ、ヒップホップなどわたしたちの身近なところにある。

3．ヒップホップが誕生した1970年代のアメリカ

奴隷船に乗ってアメリカや中南米にわたったアフリカにルーツのある人々の文化にルーツのあるヒップホップは、４つの要素から構成される。その４つの要素とは、グラフィティ・アート、ブレイクダンス、ＤＪ、ＭＣまたはラップである。そもそも、ヒップホップは、1970年代のニューヨーク市サウスブロンクスで誕生したと言われている。大和田によれば、ヒップホップが誕生した1970年代のニューヨーク市サウスブロンクスは行政からも見放され、製造業が撤退したことによって地域はスラム化していったという。その背景には、変動相場制への移行によるドルの価値の凋落やオイルショックがある。それによって、社会福祉関連予算は削減されてしまったのである（大和田 2011, p.226）。

こうした社会的状況の影響を大きく受けたサウスブロンクスの混沌とした環境の中でヒップホップは生まれ、その文化は育まれていった。その頃、サウスブロンクスには、ＤＪ文化が進んでいたジャマイカ出身のクール・ハーク（Kool Herc）がいた（小渕 2017, p.8）。そこで、クール・ハークは、パーティのため古いレコードとレコード機材を使って新たなビートを作り出し、ヒップホップの土台を築いていった。

ヒップホップという名称は、サウスブロンクス出身のアフリカ・バンバータ（Afrika Bambaataa）が使い始めた。ワトキンス（菊池訳）によると、アフリカ・バンバータは「ヒップホップには政治力があると主張し続けてきた人物であり」（2011, p.30）、ヒップホップで人々を「楽しませることが第一の目的だったが、社会的なメッセージを伝えることも忘れなかった」という（2011, p.31）。このように1970年代のヒップホップ黎明期から、ヒップホップは、人々を楽しませるパーティの文化であるのと同時に、社会を変える政治的なメッセージ

を含む表現形式であると認識されていたのである。

小渕は、1970年代のサウスブロンクスで録音された地域の音楽やダンスのイベント「ブロック・パーティ」が収録されたD.J.アフリカ・バンバータ（D.J. Afrika Bambaataa）のアルバム『Death Mix-Live』（1983年）を紹介している（小渕、2017）。小渕によれば、このアルバムに収録されている音楽は、「世に溢れる無数のレコードからブレイク・パートを見つけ、ターンテーブル２～３台を駆使してその部分だけミックス」されたものであるという。このアルバムの音楽から流れる音楽は、パーティに適した踊れるリズムによって構成されている。また楽曲の中にラテンの打楽器を使ったリズムが聞こえてくる部分がある。クール・ハークがジャマイカからの移民であったように、ここからは、ヒップホップには中南米の音楽の影響も受けていることがわかる。

このようにヒップホップは、1970年代において困難な状況にあったサウスブロンクスで暮らすＤＪを中心に創造された音楽とダンスを楽しむパーティに参加する人々によって育まれていった。しかし、見逃してはならないのは、パーティを楽しむという側面と同時に、ヒップホップが社会に対するメッセージを伝える役割としても認識されていたことである。

4．1980年代～1990年代のヒップホップ

1980年代のヒップホップグループについては、例えば、ブギ・ダウン・プロダクションズ（Boogie Down Productions）をあげることができる。

ブギ・ダウン・プロダクションズのアルバム『The Essential Boogie Down Productions/KRS-One』には、〈You Must Learn〉（1989）という楽曲がある。〈You Must Learn〉は、フリーダム（Freedom）の楽曲〈Get Up & Dance〉（1978）にのってラップがパフォーマンスされる。〈You Must Learn〉のミュージックビデオを観てみよう。このミュージックビデオは、アフリカ系の生徒ばかりの高等学校の教室でラッパー風ファッションのアフリカ系男性が講義をしているところからはじまる。ビデオの冒頭で、アフリカ系男性は、アフリカの

地図を黒板に掛け、『旧約聖書』の「創世記第11章10節」の中でセムの系譜について説明し、セムがアフリカ人であったと言っている。そしてもしその事実を繰り返して語っていればヨーロッパ系はもうアフリカ系の人々を無視できなくなると主張する。すると、そこに教師と思しき白人男性と警備員が現れる。アフリカ系男性は学校の外に放り出され、地面に転げ落ちる。その後、黒板に掛けられたアフリカの地図はたたまれてしまい、アフリカに関する授業はそこで終了となる。

〈You Must Learn〉のミュージックビデオは、アフリカやアフリカ系の文化や歴史が学校で教えられていないことを疑問視している。そこで主張されているのが、わたしたちはアフリカについてもっと多くのことを学ばなければならない(〈You Must Learn〉)ということである。このミュージックビデオの冒頭に描かれているように、〈You Must Learn〉は、アフリカ系の子どもたちが子どもの頃から中産階級が多く暮らす郊外のヨーロッパ系に関連する文化や歴史についてばかり教わってきたこと、アフリカ系がいるのにヨーロッパやヨーロッパ系の人々の歴史や文化ばかりを学ぶことを批判している。

〈You Must Learn〉は、アフリカの文化や歴史をもっと学校で学ぶべきであること、そしてそれは、アフリカ系の子どもだけではなくヨーロッパ系の子どもたちにとっても意味があるということを伝えている。このように、ラップはとても大切なことを語り、そして人々をエンパワーしているのである。

このミュージックビデオで批判されていることは他人事ではない。日本の学校を振り返ってみよう。日本の学校の中で、わたしたちの周りにいる外国につながりのある人々、LGBTQ、障がいといったマイノリティの人々は自らの文化や歴史を学ぶ機会があまりにも少ない。わたしたちは、〈You Must Learn〉からマイノリティの人々の文化や歴史を学ぶことの必要性について気づかされるのである。

1990年代を代表するラッパーとして、トゥパック(Tupac ／ 2Pac)をあげることができる。トゥパックのラップの中には、過激な表現(explicit)が多く含まれる。しかし、そういった過激な表現のラップをパフォーマンスしているだけではない。〈Dear Mama〉（1995）では、刑務所に入り悪かった自分自身の過去を振り返りながら、反抗しつつも母を慕い大切に思っている気持ちがうたわれている。同時に、そこからは、シングルマザーで生活保護を受けながら一生懸命に子どもを育てた母親への尊敬の想いが理解できる。〈Dear Mama〉では、ゲットーの若者や家族について知ることに加え、親子、そして家族の愛情が語られている。

近年のヒップホップの代表として、ケンドリック・ラマー（Kendrick Lamar）のアルバム『To Pimp a Butterfly』（2015）をあげることができる。このアルバムには、「搾取され続けてきた黒人の歴史をたどりつつ、最終的に『自分を愛すること、自分の可能性を信じることから始めよう』というメッセージが盛り込まれている（高橋 2020, p.47）。このようにヒップホップには、人々がより良く自分自身を変えていくことを促す影響力を有するパフォーマンスなのである。ケンドリック・ラマーのアルバム『To Pimp a Butterfly』収録曲である〈Alright〉（2015）はブラック・ライブズ・マターを象徴する楽曲として支持されている。

このように、ケンドリック・ラマーは、苦しい状況を克服することの大切さを訴えることを通して、社会正義に向けた人々の連帯を促している。こうしてみるとヒップホップには、抑圧された立場にある人たちが可能性を信じ、それらの人たちが前を向けるように人々が連帯し、より良い社会づくり実現に向かうことのできるメッセージが多く含まれているのである。

ヒップホップ誕生までの歴史については、〈資料１〉（53、54ページ）を活用して子どもたちに伝えることができる。

指導案例１

展開時間	学習活動	指導上の留意点
導入 ５分	今日の授業ではアフリカ系の音楽の歴史と音楽の中に込められたメッセージや人々の暮らしについて考えることを伝える。	

展開① 10分	アメリカについて知っている場所、人、物をワークシートに記入する。 記入した内容を発表する。 →ワークシート１	ワークシートに記入した内容について発表させ、板書する。
展開② 20分	アフリカ系の音楽の歴史を知る。 以下の曲のビデオを鑑賞する。 • ジャズのビデオ ルイ・アームストロング（Louis Armstrong）〈聖者の行進（When The Saints Go Marching In） • ヒップホップのビデオ アフリカ・バンバータ＆ソウルソニック・フォース（Afrika Bambaataa & The Soulsonic Force）〈Planet Rock〉 →資料１	資料１を児童・生徒か、教師が読み上げる。 必要に応じて以下の曲を鑑賞する。 • ゴスペルのビデオ ミシシッピ・チルドレンズ・クワイア（Mississippi Children's Choir）〈Child of the King〉〈Joy of My Salvation〉
展開③ 10分	アフリカ系の人々にとって音楽はどのような意味があるのかについて考え、ワークシートに記す。 ワークシートに書いた内容を発表し、話し合う。 →ワークシート１	
まとめ ５分	ヒップホップやラップは日本の文化にも影響を及ぼしていることを伝える。	ブレイクダンスやラップ、ヒップホップのファッション、グラフィティ・アートなどが身近にあるかどうか尋ねてみる。

ワークシート1

ヒップホップに親しもう

ヒップホップは、アメリカ合衆国ニューヨーク市でうまれた文化です。今、アメリカだけではなく、世界のたくさんの人が親しんでいます。

1．ヒップホップがうまれたアメリカについて知っていることはありますか？　場所、人、物その他、知っていることをすべて書き出してください。

2．ジャズのビデオ(ルイ・アームストロングの〈聖者の行進〉)とヒップホップのビデオ(アフリカ・バンバータ＆ソウルソニック・フォースの〈プラネット・ロック〉)を鑑賞しました。それぞれの音楽について、どのように感じましたか？　感想を書いてください。

1）ジャズ〈聖者の行進〉について

２）ヒップホップ〈プラネット・ロック〉について

３．アフリカ系アメリカ人にとって音楽とはどのような意味があると思いますか？　あなたの考えを書いてください。

資料１「アフリカ系アメリカ人の人たちと音楽――ヒップホップ誕生まで」

アメリカではたくさんのジャンルの音楽が誕生しました。みなさんは、ロックという音楽を知っていますか？　ロックでは、ビートルズが有名です。ビートルズはイギリス出身ですが、彼らは、アメリカのアフリカ系の人たちが演奏していたロックンロールを聴いていました。それに刺激をうけて音楽を作るようになったのです。

アメリカのアフリカ系の人たちは、ロックンロールやロックだけではなく、いろいろな音楽をつくりました。もともと、アフリカ系の人たちは、アフリカから奴隷としてアメリカに連れてこられました。そのころ、アフリカから連れてこられた人たちは、アメリカ南部のプランテーションと呼ばれる大規模農園でつらい仕事をしていました。そのつらさを忘れるために、ことばを交わしたりしていました。その結果、独特のリズムが生まれ、アフリカ系特有の音楽ができたともいわれています。

またヨーロッパからは、軍隊としてヨーロッパ系の人たちがアメリカ南部にわたってきたことがあります。その人たちは、軍隊や自分たちの強さを示すためにトランペットやサックスなど大きな音の出るブラスバンドの楽器を持ってきて、吹き鳴らしていたのです。その中には、ヨーロッパの自分の国に帰るとき、楽器をアメリカに捨てていく人たちもいました。捨てられた楽器を拾って、アフリカ系の人たちは演奏をはじめました。そこでできた音楽がジャズと言われる音楽です。

様々なつらい状況の中で、アフリカ系の人たちは創造性を発揮し、新しい音楽を作ってきました。そして音楽はアフリカ系の人たちにとって楽しむだけのものではありませんでした。つらい生活をより良くするための社会を変えていこうという力強いメッセージを伝える手段でもあったのです。

ヒップホップはグラフィティ・アート、ブレイクダンス、ＤＪ、MCまたはラップから構成される文化です。ヒップホップは、人々が楽しむ娯楽のひとつです。しかし、それだけではなく、世の中の問題を示し、それを変えていこうと多くの人たちに訴える役割もあります。

ヒップホップは、アメリカのニューヨーク市サウスブロンクスで1970年代に生まれました。サウスブロンクスは、ニューヨークの中でも特に貧しい人たちが多く暮らす地域でした。そういう地域の中でヒップホップの文化を創った人たちは、常に楽しむことを忘れていませんでした。ＤＪと呼ばれる人たちは、日常を楽しむために、古いレコードをつなぎ合わせて新しい音楽を作りだします。それがヒップホップの始まりです。

こうして誕生したヒップホップは、「ブロック・パーティ」と呼ばれる地域の人たちが集まるパーティで流すダンスのための音楽でした。その当時のヒップホップは、とてもリズミカルです。しかし、その音楽を作った人々は、ヒップホップを楽しむだけではなく、社会についての様々なメッセージをラップに乗せて伝えようとしていました。こうして1970年代にヒップホップの文化が生まれ、人々によって育まれていったのです。

レッスン２

なぜ、ラップの授業が学校にないのかを考える

テーマ　ラップを通してアフリカ系の人たちの考えを知ろう。そしてなぜ、学校にラップの授業がこれまでなかったのかを考えよう。

教科等　社会　音楽　道徳　総合的な学習の時間　学級活動
＊中学校体育でヒップホップのダンスをする際に行うこともできる。

対象学年　小学５年生以上

時間　全１時間(45 ～ 50分×１)

ねらい　アフリカ系には苦難の歴史の中で生きてきた側面がある。アフリカ系の人々は、自らの状況をより良くしようとしながら社会的な状況を改善するために取り組んできたことを知る。

「知らない」ということは、多くの誤解や偏見を生むこと。そしてそれが様々な人たちへの排除や差別へとつながっていくことに気づく。

当たり前のことを疑うことのできる批判的なものの見方を育成する。

評価の観点

⑴　アフリカ系の人たちが社会正義に向けて闘ってきた歴史について理解を深める(知識・理解)。

⑵　ラップがアフリカ系の人々を前向きな気持ちにさせる力になる表現であるのと同時に、社会問題に取り組もうとする気持ちを込めた表現であることに気づく(知識・理解)。

⑶　ヒップホップがなぜ、学校の授業にないのかについて考える(思考・判

断・表現)。

(4) 「知らない」ことによって誤解や偏見を招いていることはないかについて話し合い、自分の意見を言うことができる(思考・判断・表現力)。

(5) ヒップホップ(ラップ)をはじめとするアフリカ系の音楽に関心をもち、正義を追求しようとしてきた人々に関心をもち、学習に参加することができる(学びに向かう力・人間性など)。

展開

考える・話し合う：「ヒップホップやラップってどのようなイメージだろう？」

講義を聞く：ブラック・ライブズ・マター（Black Lives Matter〈BLM〉)運動について理解する。

鑑賞する：ブギー・ダウン・プロダクションズ(Boogie Down Productions)〈You Must Learn〉(1989)、ルーペ・フィアスコ(Lupe Fiasco)の〈The Show Goes On〉(2011)のミュージックビデオを鑑賞する。

考える・話し合う：〈You Must Learn〉と〈The Show Goes On〉のミュージックビデオで主張したいことについて考える。

考える・話し合う：ヒップホップやラップはどのようなイメージなのか授業を受けた後の変化について考える。

考える・話し合う：教科書にはのっていないけれど、学校で勉強してみたいことについて考える。

教材

・ミュージックビデオ

ブギー・ダウン・プロダクションズ(Boogie Down Productions)〈You Must Learn〉

ルーペ・フィアスコ(Lupe Fiasco)〈The Show Goes On〉

・その他

ワークシート２「ヒップホップのイメージについて考えよう」

資料2「ブラック・ライブズ・マター（Black Lives Matter〈BLM〉）運動について」

ヒップホップを学校で学ぶ機会は少ない。音楽教科書もラップについてのページはわずかである。

「音楽の父」といわれるドイツのバッハは音楽教育の中で堂々と語られている。一方、ヒップホップの誕生に多大な影響を及ぼしたアメリカのアフリカ・バンバータ（Afrika Bambaataa）やクール・ハーク（Kool Herc）はなぜ、教科書にのっていないのだろうか。レッスン2では、ヒップホップが多くの人々に人気のパフォーマンスであるのにもかかわらず、学校で出会う機会が少ない理由について無知と偏見という観点からの授業を提案する。

1.「過激な表現（explicit）」とラップ

ヒップホップは、アフリカ系の貧困、人種、非行集団、死、周縁化、失業、路上での暴力行為などを明らかにするとともに、それらの困難に立ち向かうために表現されてきた（DeLorenzo pp.157-158）。ヒップホップは、声なき人たちの表現であり、これまで沈黙させられてきた若いアフリカ系の人々が表舞台で表現できる重要な手段なのである（Kitwana 2005, p. xii）。

しかし、ヒップホップを教材とする際、性的描写、女性蔑視、ホモフォビア等の過激な表現が問題視される。もちろん、ヒップホップにかかわらず、例えば、ロックであっても、ドラッグや性的描写などは多くある。しかし、特に、ヒップホップにおいては、露骨な表現を用いた過激な内容の楽曲が目立つのも事実である。そういったヒップホップの楽曲は学校で用いるのにはもちろん適していない。

そこで、アメリカの音楽教育者であるデロレンゾは、どのようにヒップホップが抱える過激な表現に関わる課題を乗り越え、教材として用いることができるのかを解説している（DeLorenzo 2019, pp. 158-160）。その中で、デロレンゾは、「過激な表現(explicit)」の表示がつけられた楽曲とそうではない楽曲を分けて考えることの必要性を指摘している(DeLorenzo 2019, p. 159)。ヒップホップを教材として選ぶ際には、1970年代から1980年代の古典的なヒップホップがよい。現代のヒップホップであれば、MFドゥーム(MF Doom)、コモン(Common)、ルーペ・フィアスコ(Lupe Fiasco)のヒップホップには過激な表現は比較的少ないと言われている(DcLorenzo 2019, p. 159)。

その中でも、ルーペ・フィアスコの〈The Show Goes On〉(2011)の中には、子どもたちにへのポジティブなメッセージが含まれている。学校でヒップホップを取り入れる際に、まずは〈The Show Goes On〉の日本語訳の歌詞がついているライブビデオを観たり、歌詞を読みながら鑑賞するのもよい。このラップを通して、子どもたちは、ヒップホップが社会を批判しつつもポジティブな未来を創りだそうとすることを人々に伝えことのできるパフォーマンスであることを理解できるであろう。〈The Show Goes On〉からは、うつむきながら生きている子どもたちを励ますだけでなく、大人が子どもたちの悩みや苦しい気持ちと向き合うことを忘れてはいけないことを知ることができる。

〈The Show Goes On〉のラップは、日々の生活に閉塞感を抱いている子どもたちに夢や希望と力を与える。特に、辛い心情にある子どもたちにとってこのラップは前向きな気持ちにさせてくれるであろう。一方、〈The Show Goes On〉を教師が聴けば、ゲットーのような苦しい生活環境にある子どもたちの可能性を信じること、そして彼らを温かく見守る大人であらねばならないことを教えられる。このように、〈The Show Goes On〉は、苦難の状況の中でネガティブになっている子どもだけでなく、大人も前向きな気持ちになれるようにわたしたちを励ましてくれる。

2.「声なき人の表現」としてのヒップホップ

ヒップホップ には過激な表現が多く含まれていると思われる傾向にある。それはなぜなのだろうか。その理由は、ヒップホップを商品として売ることを目指す中で、暴力や性的描写を盛り込む表現が増えていったからである(DeLorenzo 2019, p. 159)。ここからわかるのは、ヒップホップを教材とする際には、過激な表現を使って商品として楽曲を売ることを意図したものではなく、むしろアフリカ系をはじめとする声なき人々の表現に着目するとよい。そうすることによって、いろいろな状況に置かれている人の考えを知り、そしてそれらの人々の未来を大切にし、わたしたちが連帯しながら理想の未来を実現していこうという気持ちが生まれる。

今日、ヒップホップは、アフリカ系だけではなく、ヨーロッパ系、そしてアメリカ以外の様々な国に伝播し、その要素を用いた表現が世界で行われている。つまり、それだけヒップホップは、多くの人々を惹きつける表現なのである。そして、ヒップホップでわたしの考えを表現することは、より多くの人々にメッセージを伝えること、そして表現者と聴衆との連帯をもたらすことを可能にするのである(Clay 2006, p.117)。このように、ヒップホップのパフォーマンスには重要な意味がある。

ヒップホップを学ぶ際に重要なことは、子どもたちの批判的なものの見方を育てることである。批判的なものの見方を育てるためには、子どもたちの周りにある様々な事柄に疑問をもつことが大切である。それは学校の中にもある。例えば、「なぜ、12月だけが人権月間なのか？」「なぜ、音楽授業にはヒップホップについての学習がないのか」といった疑問である。本来、一年を通じて人権について考えるべきであるし、音楽授業ではいろいろな人たちの表現を等しく尊重して学ぶべきである。

そこで、教師は子どもたちがなんとなく見逃していることを取り上げ、それを批判的に考え、疑問をもち、意見を交流できるような授業を行う。そのための方法のひとつに、ヒップホップを教材とした学習がある。

ヒップホップは、抑圧に抵抗し、そこから自由になることを目指す表現である(Ladson-Billings 2015, p.415)。特に、ラップを聴き、歌詞を読むことを通して、子どもたちはラッパー自身について、そしてラッパーが考える理想について知ることができる。それに加えて、実際に子どもたちがラップでわたしについて、そして社会について語ることができれば、批判的なものの見方だけではなく、創造力や表現力も鍛えることができるのである。

『中学校学習指導要領(平成29年告示)解説　保健体育編』によると、「現代的なリズムのダンス」のひとつの例としてヒップホップがあげられている(文部科学省 2017, p.173)。このように中学校の体育の授業でダンスを行うのであれば、ヒップホップについてもっと掘り下げて、ラップでは何が表現されてきたかを学ぶこともできるであろう。もちろん、それは、体育の授業でも可能であるし、音楽、国語、総合的な学習の時間で、教科横断的なカリキュラムで学習すると、ヒップホップについてのより深い学びが可能となる。

以上の通り、体育では現代的なリズムの身体表現としてヒップホップが取り上げられるようになった。しかし、その他の教科においてヒップホップは、ほとんど注目されていない。そこで、例えば、次のような疑問がわいてくる。「音楽の授業において、ラッパーはバッハやベートーベンを越えることができないのであろうか？」「現代の不平等や差別を明らかにするヒップホップはなぜ、音楽、社会、国語、あるいは総合的な学習の時間で教材とならないのだろうか？」「ヒップホップ文化を創造してきたアフリカ系の人々、そしてそれらの人々にルーツのあるアフリカについて学校ではどれだけのことを教えているのであろうか？」

こうしたことを考えると、ヒップホップやそれをパフォーマンスする人たちの文化的な価値を一段低く見ているのではないかという疑問がわいてくる。ヒップホップの価値を知らないから教材とならない。そのとき、わたしたちはヒップホップやラップを知らないことによって抱いてしまっている偏見にも気づかされるのである。無知であることが偏見や差別を生む典型的な例といえるであろう。

そこで、まずは子どもたちと「なぜ、ヒップホップは音楽、社会、国語などの教材とならないのか？」ということを話し合ってみよう。そうすると子どもたちからは、おそらく「チャラそう」「怖い」「ヒップホップを学校で勉強する意味がわからない」「自分と違う世界の音楽」といった意見や、そもそも

「？？？（先生、何質問しているの？）」「受験に関係ない」や無関心という反応もあろう。こうした反応は、ヒップホップという文化、そしてそれを支えている人々を知らないから生じる。知らないということは、偏見を生む。わたしたちは無知であるがゆえに、たくさんの偏見を抱いてしまっていることに気づくべきなのである。

ここでは、無知によって生ずる偏見に注目した授業を提案する。まず、授業でヒップホップを鑑賞し、その誕生背景と歌詞について説明する。そして、「なぜ、ヒップホップが音楽、社会、国語などの教材とならないのか？」と子どもたちに尋ねてみる。子どもたちがヒップホップについて知れば、もう「ヒップホップを学校で勉強する意味がわからない」とは言わないだろう。こうした経験は、当たり前を疑う子どもたちの批判的思考を鍛える第一歩となるに違いない。

指導案例２

展開時間	学習活動	指導上の留意点
導入 ５分	ヒップホップやラップについてのイメージについて話し合う。 ワークシート２への記入と発表。	ワークシートに全員が記入し、なるべく多くの児童・生徒が発言できるようにする。 イメージがわかない児童・生徒にはラッパーの絵や写真を見せてもよい。
展開① 10分	BLM運動について説明する。 2020年５月ミネソタ州ミネアポリスで起こったアフリカ系アメリカ人のジョージ・フロイドさんが白人警察官の暴力によって亡くなってしまった事件であること。そしてそれだけではなく、これまでにも同様の事件が起こっていたことを知る。 ヒップホップがBMLのテーマ曲になっていることを知る。 →資料２	時間があれば、日本も外国人、障がいのある人たち、LGBTQなどといった人々にとって生きやすい社会かどうかを考えるように促す。

展開② 15分	ブギー・ダウン・プロダクションズ(Boogie Down Productions)〈You Must Learn〉のミュージックビデオを鑑賞する。 ミュージックビデオから得たイメージについてワークシートに記し、話し合う。 →ワークシート２ このビデオがアフリカ系の子どもたちが子どもの頃から中産階級が暮らすヨーロッパ系の文化や歴史ばかり教わってきたことを批判していること。そしてアフリカ系の文化や歴史について学ぶ機会がなかったことを批判した内容であること。皆、アフリカの文化や歴史をもっと学校で学ぶべきであることを主張していること。そしてアフリカやアフリカ系の文化や歴史を知ることは、アフリカ系の子どもだけではなくヨーロッパ系の子どもたちにとっても意味があることを主張した内容であることを知る。	アフリカ系がヨーロッパ系の歴史や文化だけを学んできたことについてどう思うか、またヨーロッパ系がアフリカ系の歴史を学ぶことにはどのような意味があるのかについても考えてみる。
展開③ 10分	ルーペ・フィアスコの〈The Show Goes On〉(2011)のミュージックビデオを鑑賞する。感想を記入する。 →ワークシート２	
まとめ 10分	ヒップホップやラップについてのイメージについて再度話し合う。 教科書にはのっていないけれど、学校で勉強してみたいことについて考え、ワークシートに記入する。 →ワークシート２	ヒップホップに対するイメージの変化があったかどうかを確認することを通して、「知らない」ということが様々な誤解や偏見を生じることを伝える。

ワークシート２

ヒップホップのイメージについて考えよう

アメリカにはヒップホップという文化があります。ヒップホップはアメリカのニューヨークで1970年代にうまれました。今では、アメリカをはじめ、世界中でたくさんの人たちの人気を得ています。

ヒップホップの中には、ダンス、ファッションや壁に描かれたグラフィティと呼ばれる絵、音楽を作ったり編曲したりするDJ（ディージェー）、そしてラップということばもついています。

ラップを演奏するひとは、ラッパーと呼ばれます。ラッパーは、自分自身について、そして社会で起こっている様々なことをことばで表現しています。

みなさんはヒップホップを知っていますか？

1．ヒップホップについてどのようなイメージがあるか記してください。

2．友だちは、どのようなイメージをもっていますか？　まわりのひとにたずねて、まわりのひとたちがもっているイメージを記してください。

3．ブギー・ダウン・プロダクションズの「勉強しなさい」〈You Must Learn〉のミュージックビデオは何を伝えようとしていると思いますか？ あなたの考えを書いてください。

4．ルーペ・フィアスコの「ショーは続く」〈The Show Goes On〉（2011）のミュージックビデオを鑑賞した感想を書いてください。

５．ヒップホップについてのイメージは変化しましたか？　どのように変化したでしょうか？　そしてなぜ、ヒップホップを学校の授業で勉強することが少ないのかについて考えを記してください。

６．教科書にはのっていないけれど、学校で勉強してみたいことはありますか？　思いつくだけワークシートに書き出してください。

資料２「ブラック・ライブズ・マター（Black Lives Matter〈BLM〉）運動について」

ブラック・ライブズ・マターを日本語に訳すと、「黒人の命は大切だ」というような意味になります。ブラック（Black）は黒人と言われるアフリカ系の人々を意味します。ライブズ（Lives）は命です。マター（Matter）は、「問題」などと同時に、「大切なこと」という意味もあります。ブラック・ライブズ・マターということばからは、命の大切さ、人権を守り、みなが安心して平和に暮らせるようになることへの気持ちが伝わります。

2020年５月25日にアメリカミネソタ州ミネアポリスで、ある男性が複数の警官に拘束されて亡くなりました。亡くなられたのは、アフリカ系男性のジョージ・フロイドさん（46歳）でした。警官に拘束された理由は、偽札を使ったという容疑をかけられたからです。ジョージ・フロイドさんは、警官によって路上にうつぶせにされ、首を膝で押さえつけられ息ができなくなって亡くなってしまいました。

こうした事件は2012年２年26日にもフロリダ州サンフォードでも起こっています。アフリカ系の当時17歳の少年トレイヴォン・マーティンさんはパーカーを着てセブン・イレブンに行きました。そのとき、警備活動をしていた自警団員に何らかの疑惑をかけられたのです。そこで、自警団員はトレイヴォン・マーティンさんを尾行し、射殺してしまうのです。ブラック・ライブズ・マターは、トレイヴォン・マーティンさんが射殺されたことをきっかけに始まりました。

ブラック・ライブズ・マター運動は、2020年５月25日にジョージ・フロイドさんが亡くなられたことでさらに多くの人々が参加するようになりました。そこで運動を行う人々は、アメリカ国内のアフリカ系だけではありません。運動にはヨーロッパ系の人々、アジア系といった様々な人々が参加しています。ブラック・ライブズ・マター運動は日本にも影響を及ぼし、集会は、東京や大阪でも行われたのです。

アフリカ系の人々への差別には長い歴史があります。1930年代に歌手のビリー・ホリデイ(1915 − 1959)が〈奇妙な果実〉(1939年)という歌をうたいました。「奇妙な果実」とはリンチを受けて、木にぶら下げられたアフリカ系の人々のことです。これは、当時のアメリカではアフリカ系に対する差別をめぐるひどい事件がたくさんおこっていたことを表しているのです。

1950年代には、アメリカでは公民権運動が始まります。公民権運動のリーダーのひとりであるキング牧師は「わたしには夢がある」(1963)とスピーチをしました。その中の夢の一つとして、「奴隷の息子たち(アフリカ系)とかつての奴隷所有者の息子たち(ヨーロッパ系)が、きょうだいとして同じテーブルにつくという夢」をあげています。こうしたスピーチは人々とアメリカ社会を大きく動かしました。

ところが、現代もまだ人種差別、民族差別はなくなりません。それは、2020年５月25日のジョージ・フロイドさんの事件に表れています。また、新型コロナでの死亡率は、ヨーロッパ系より、アフリカ系やメキシコなど南米にルーツのあるヒスパニックの人々が高いのです。その理由は、ステイホームと言われても自宅でできない仕事についていること、そして人口が密集する貧しい地域に住んでいる人が多いからです。こうした格差をなくすこともブラック・ライブズ・マター運動の一つの目的となっています。差別のないアメリカ、そして世界を目指して行われているのがブラック・ライブズ・マター運動なのです。

参考資料

藤田正(2020)『歌と映像で読み解くブラック・ライヴズ・マター』シンコーミュージック・エンタテイメント。

朝日中高生新聞「“Black Lives Matter” 広がる『黒人の命は大切』」 https://www.asagaku.com/chugaku/topnews/18656.html (2021年8月21日閲覧)

レッスン３

ラップで自己紹介――わたしを伝える・友だちを知る

テーマ ラップで自己紹介をしよう。わたしを友たちに伝えよう。友だちをもっと知ろう。そして夢をかなえられる世の中について考えよう。

教科等 国語　音楽　道徳　社会　総合的な学習の時間　学級活動

対象学年 小学５年生以上

時間 全３時間（45 ～ 50分×３）

ねらい ヒップホップを構成する要素の一つであるラップには、アフリカ系の人たちの生活や日々の苦悩など様々な思いや願いが表現されていることについて理解する。

ラップを使って名前、出身地、趣味・特技、そして夢について語り、表現する。友だちの表現を聞いて、友だちを認め、より良い人間関係を築くことができる。

わたし自身、そして友だちの夢やより良い未来が実現できる社会の理想を描くことができる。

評価の観点

⑴ 児童・生徒自身が自己紹介するためのラップの歌詞を作成することができる（知識・技能）。

⑵ ラップをリズムに乗って、表現し、クラスの皆に伝えることができる（思考・判断・表現）。

⑶ 積極的に自己紹介のラップを伝えるとともに、友だちのラップに心を傾け

ることができる(学びに向かう力・人間性等)。

⑷　自分自身、そして友だちの夢やより良い未来が実現するための社会の在り方について想像することができる(学びに向かう力・人間性)。

展開

講義を聞く：ヒップホップ誕生の背景について知る。

鑑賞する：自己紹介のラップの例を聴く。

考える：「名前」「出身地」「趣味・特技」「将来の夢」のラップを作る。

表現する：「名前」「出身地」「趣味・特技」「将来の夢」をラップで表現する。

考える・話し合う：自己紹介をした感想、友だちの自己紹介のラップを聴いた感想をワークシートに記す。ワークシートに記した内容をグループやクラスで発表する。

考える・話し合う：自分自身、そして友だちの夢がかなえられるのはどのような社会なのかを考えてまとめる。

教材

・ミュージックビデオ・音楽

晋平太〈ボコボコのＭＩＣ〉

・その他

ワークシート３「ラップを作ろう」

晋平太が、教師を目指す埼玉大学教育学部磯田ゼミと埼玉大学附属小学校５年生にラップの作り方について授業を行った。大学生も小学生の子どもたちも、あっという間にラップを作ることができた。自己紹介をテーマにしたラップを皆で作ったのである。ラップの授業は、自分を語り、そして相手を知ることができるとても意味のある活動である。

ここで紹介するラップの作り方は、晋平太から大学生と子どもたちが学んだ方法をまとめたものである。晋平太によるラップの作り方の基礎編である。

1．音楽や映画にみるアフリカ系アメリカ人の社会正義

ラップを聴いたり、ミュージックビデオを観ることは、ラッパーを取り巻く社会の状況、そしてその社会の何が問題なのかを知り考えるための手がかりとなる。そして、ヒップホップを通して社会に関心をもつことは、子どもたちの批判的思考を育てる可能性がある。そして何より、ラップでわたしの思いや考えを表現することは、世の中を変える小さいけれど、貴重な一歩となる。

今日の世の中について考えるなら外国につながる人々、LGBTQ、障がい、経済格差をめぐる差別や偏見をなくすこと、そして多様性を尊重し、皆が幸せを追求できる社会であることを目指すことが大切である。

こうした問題について考えるための予備学習として映画を鑑賞することには意味がある。例えば、『ドゥ・ザ・ライト・シング（Do the Right Thing）』（スパイク・リー監監督、1989）といった少し前の映画から、最近では『私はあなたのニグロではない（I Am Not Your Negro）』（ラウル・ペック監督、2018）を鑑賞するとよい。人種問題について考えるのであれば、ヒップホップだけではなく、アメリカ映画、そしてブルース、ファンク、ソウル、R&Bなどの音楽からも、差別や偏見と闘う人々の姿が見えてくる。

その代表的な音楽の例としてここでは、ファンクやソウルのジャンルに属するスティービー・ワンダー（Stevie Wonder）の〈汚れた街（Living for the City）〉（1973）とジェームス・ブラウン（James Brown）の〈Say It Loud：I'm

Black and I'm Proud!〉(1968)について紹介する。

スティービー・ワンダーは、〈汚れた街〉の中で、貧しいアメリカ南部で愛情をもって育てられたこと、しかし両親は働いてもわずかな賃金しかもらえなかったことをうたっている。

一方、ジェームス・ブラウンの〈Say It Loud：I'm Black and I'm Proud!〉からはアフリカ系の差別の歴史とそこから立ち上がり前に向かおうと連帯を訴えるメッセージがストレートに伝わってくる。アフリカ系であることを誇りに思う、その誇りを大声で叫ぼうと繰り返しうたう。そして、アフリカ系がこれまで「他の人たち」のために働いてきたことがうたわれている。「他の人たち」とはつまり「ヨーロッパ系」、つまり「白人」のためであったことは想像がつく。

この歌を通して、ジェームス・ブラウンは、公正で平等な社会を目指すメッセージを発し、そのための連帯を聴衆に促しているのである。この歌によって多くのアフリカ系の人々がエンパワーされたはずである。そしてそのメッセージは、アフリカ系に止まらず、ヨーロッパ系や国境を越えた多くの国の人々に影響を与えたに違いない。

2．ラップで自己紹介する（1）

〈Say It Loud：I'm Black and I'm Proud!〉をうたったジェームス・ブラウンのように、リズムに乗って、自分の考えを表現し、いろいろな人たちとわたしの考えを共有し連帯することができたらどれだけよいだろうか。シンプルな歌詞でもよい。ことばでわたしを伝えることができたなら。そのために、初期のビートルズのような簡単なコードを使ってギターを弾きながら作詞作曲をしたらよいのだろうか。それにしても初心者にとってギターを使って作詞作曲する道のりは果てしなく長い。

ところが、ラップには、すぐにそれができる可能性がある。もちろんプロのラッパーには簡単にはなれない。しかし、とりあえずチャレンジしてみようという出発点に立ちやすいという特徴がラップにはある。

晋平太によれば、ラップは、今、ここですぐにできる。つまり、例えばピアノやキーボード、ベース、ギターなどの準備も必要ない。だからお金もかからない。最もシンプルな伴奏であれば手拍子でよいのである。ただ１拍ずつ手拍子しているだけでよい。ラップの基本は、その手拍子にことばを当てはめていくことである。

ここではまず自己紹介のラップを作る。そのために自己紹介として以下の４つを考える。

1. 俺／私／僕の名前は○○○○
2. レペゼンは、○○○○
3. 趣味は○○、特技は○○
4. 夢は、○○○○○

２のレペゼンとは、「～の代表をする」(represent)の意味である。ここでは、出身地や現在暮らしている地名を言う。３では趣味と特技の両方を示したが、両方でもよいし、一方だけでもよい。

以下は、１～４についての晋平太が作った自己紹介ラップである。

1. 俺の名前は晋平太
2. レペゼンは、埼玉の狭山
3. 趣味も特技もフリースタイル
4. 夢は一億総ラッパー化計画

手拍子を使って示せば、次のようになる。

1. (ン)俺の名前は　　晋平太

２．(ン)レペゼンは　　埼玉の狭山

３．(ン)趣味も特技も　　フリースタイル

４．(ン)夢は一億　　総ラッパー化計画

＊(ン)は、ことばを言わない間を表す。

3．ラップで自己紹介する（2）

自己紹介について４つの文章をラップでパフォーマンスできるようになった。そこにさらに４つの文章を付け加える。新たなテーマを設定するのではなく、先の４つの文章を補足する情報を付け加えていく。それぞれの文章の長さは、手拍子４つでおさまるように作る。まとめると以下のようになる。

１．　　俺／私／僕の名前は〇〇〇〇
１．５　…自分について簡単な紹介…
２．　　レペゼンは、〇〇〇〇
２．５　レペゼン(出身地／現在住んでいるところ)の説明…
３．　　趣味は〇〇、特技は〇〇
３．５　…趣味／特技について補足する…
４．　　夢は、〇〇〇〇〇
４．５　…夢について補足する…

以上について晋平太の例をあげる。

１．　俺の名前は晋平太
１．５　ラップは俺の人生だ
２．　レペゼンは、埼玉の狭山
２．５　駅前に茶畑しかない田舎
３．　趣味も特技もフリースタイル
３．５　他のことするの無理みたい
４．　夢は一億総ラッパー化計画
４．５　日本中に増やすカッケー奴

以下の通り手拍子をたたきながらラップをつぶやいてみる。

１．　(ン)俺の名前は　晋平太

１．５　ラップは　(ン)俺の人生だ

２．　(ン)レペゼンは　埼玉の狭山

２．５　駅前に茶畑しかない田舎

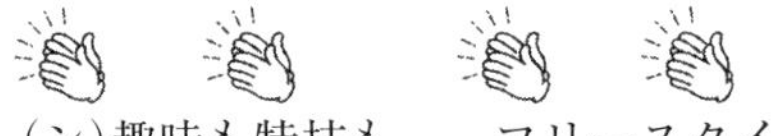

３．　(ン)趣味も特技も　フリースタイル

３．５　他のことするの無理みたい

４．　（ン）夢は一億　総ラッパー化計画

４．５　日本中に増やすカッケー奴

ここで作ったラップは、晋平太の〈ボコボコのMIC〉（2020）のインストルメンタル（カラオケ）に合わせてラップをパフォーマンスすることができる。インストルメンタルは、２ページのQRコード「ボコボコのMIC」インストルメンタル（カラオケ）からダウンロードできる。

その他のインストルメンタルでもできる。例えば、エアロスミス（Aerosmith）の〈Walk This Way〉（1986）のインストルメンタルに合わせて自己紹介のラップをパフォーマンスすれば、ランDMC（Run DMC）のようにラップとロックを融合させることもできるのである。

＊ラップの例は2ページのQRコード「大学生の自己紹介ラップ」で聴くことができる。

４．大学生がラップで自己紹介する

それでは自己紹介のラップを学校で行うのにはどのような意味があるのだろうか。子どもたちは、友だちの名前を知っている。出身地や住んでいるところもだいたいは知っているであろう。一方、趣味、そして将来の夢に関しては友だちのことであっても知らないことも多い。こうして自己紹介のラップを作ってみると、友だちの意外な側面を知ることができる。

以下は、埼玉大の磯田ゼミに所属する学生が作った自己紹介のラップである。

（１）

- 俺の名前は、島崎皓太
- 将来教師になるのが目標
- レペゼンは埼玉の入間
- 豊かな自然あふれる街だ
- 趣味も特技もランニング
- 高校ではじめ、はや８年
- 何度も辛くてあきらめかけた
- 何度もトライいどみつづけた
- 高校青春そのものだった

（２）

- 俺の名前は沼澤倫久
- 関東に憧れ上京した
- レペゼンは山形の天童
- 田舎中では都会の方
- 趣味はスポーツ観戦、特技は将棋
- 海外サッカー大好きだ
- 夢は誰かの目標になる
- 影響を与える必要がある

（３）

- 俺の名前は石田翔悟
- 教師になるため日々勉強
- レペゼンは埼玉の入間
- 池袋まではすぐにいける
- 趣味は野球をみたり、すること
- 小・中学校でやってきた

- 一生懸命にやってきた
- あまり試合には勝てなかったけど
- 人生にとってはすごい経験
- それを活かして生きていきたい
- 夢は小学校の先生
- 児童とともに成長していきたい
- 時に厳しく、時に優しい
- 人気のある先生になりたい
- 最終的には校長になって
- 学校全体を良くしていきたい

学生が作ったラップを読むと、出身地について、いくつかの新しいことを知ることができる。同時に、趣味や、どういう人間になりたいのかというところまで簡単であるが伝えられる。日ごろ仲良くしていた友だちの新たな一面が明らかになり、より親しくなれるような気持ちになる。

ここでの自己紹介のラップは、先に示したジェームス・ブラウンの〈Say It Loud：I'm Black and I'm Proud!〉のように、社会問題を提起し、それを共有し、皆でそれを改善していこうとするような性格のものではない。しかし、そこでは子どもたち自身が未来について語っている。ラップに描かれたように、子どもたち一人ひとりが、理想の未来を実現するためには、平和で安定した社会があるのが前提である。安心して暮らせて、皆が大切にされる社会は、夢や理想を実現するための基盤となる。子どもたちは、自分だけではなく、友だちが未来を語り、それを知ることを通して、皆が幸せになれるような社会づくりが必要であることを感じるであろう。

自己紹介のラップをパフォーマンスすることで、友だちの人生を思いやり、そしてそれぞれが自己実現できる幸せな社会づくりの大切さにも気づくことができる。このことは、社会正義の実現に向けた教育実践のスタートである。

指導案例3(1時間目)

展開時間	学習活動	指導上の留意点
導入 10分	今日の授業が、ラップを使って自己紹介をすることであることを知る。 晋平太「ボコボコのMIC」を鑑賞する。	ラップは、わたし自身について語ると同時に、友だちのことを知るためのとても意味のある方法であること伝える。 わたし自身、そして友だちを大切に思うために、ラップを通して交流を深めていくことを伝える。
展開① 10分	自己紹介のラップの歌詞を作る。 →ワークシート3	本書に掲載してある晋平太や学生のラップの例(72－77ページ)、または教師自身が自己紹介のラップを作って例を示す。
展開② 15分	1拍(♩)ずつ手拍子する。手拍子に自己紹介の歌詞をあてはめてしゃべってみる。 グループになって、それぞれの自己紹介のラップを紹介しあう。	机間指導を通して、発表が進んでいないグループには教師が例を示すなどする。
展開③ 10分	クラスで発表する。	グループの代表、または挙手を促し、発表者を決定する。 クラスの全員で手拍子をしながら代表者のラップを聴くように指示する。
まとめ 5分	ラップを作ったことや、友だちのラップを聴いたことについての感想を発表する。	

指導案例3（2時間目）

展開時間	学習活動	指導上の留意点
導入 5分	前回のラップにさらに4つの歌詞を付け加えることを知る。 前回作成したラップを振り返る。	 前回の授業で作成した自己紹介のラップについて振り返るように促す。
展開① 15分	ワークシートに自己紹介の歌詞を4つ付け加える。 →ワークシート3	前回作成した4つの自己紹介の内容と関連させて文章を作ることを伝える。 机間指導を実施する。
展開② 20分	グループになって、それぞれの自己紹介のラップを紹介しあう。	グループのメンバーは手拍子をして、自己紹介のラップをうたう友だちを励ますように指示する。
まとめ 10分	ひとつのグループが代表として晋平太〈ボコボコのMIC〉のインストルメンタル（カラオケ）に合わせて自己紹介のラップを発表する。 インストルメンタルは以下にある。 2ページのQRコード「ボコボコのMIC」インストルメンタル（カラオケ）」	机間指導を通して、教師は発表できそうなグループを一つ選ぶ。 次回の授業では全員がインストルメンタルに合わせて発表することを伝える。

指導案例3（3時間目）

展開時間	学習活動	指導上の留意点
導入 5分	自己紹介のラップを〈ボコボコのMIC〉のインストルメンタルに合わせて発表することを知る。	
展開① 10分	発表の準備をする。となりの席の友だちと、お互いのラップを確認しあう。	発表が不安そうな場合、発表のとき教師も一緒にうたうことを伝える。

展開② 25分	一人ひとりが発表する。	インストルメンタルに合わせて、聞いている児童・生徒は手拍子をするように促す。
まとめ 10分	発表をしたこと、友だちの発表を聴いたことについて感想を記す。わたし自身、そして友だちの夢が実現するためにはどういう社会にしていけばよいのかについて考えて記述する。 →ワークシート3	十分に考えて書く時間を与えるために、時間が足りないときは、宿題にすることもできる。

埼玉大学附属小学校5年生「おおとりの時間」（総合的な学習の時間）における晋平太のラップの授業の様子

ワークシート３

ラップを作ろう

1．自己紹介をしよう。⑴〜⑷のカッコの中を書いてください。
　＊（あ）〜（え）は２回目の授業でやるのでまだ書かないでください。

⑴　わたし／ぼくの名前は（　　　　　　　　　　　　　　）

（あ）４つの手拍子に合うように、わたし／ぼくについて簡単に説明をしてください。

⑵　レペゼンは、（　　　　　　　　　　　　　　）
　＊レペゼン：出身地や今住んでいるところ。

（い）４つの手拍子に合うように、出身地または住んでいるところについて簡単に説明をしてください

⑶　趣味は（　　　　　　　　　　　　　　）
　特技は（　　　　　　　　　　　　　　）

（う）４つの手拍子に合うように、趣味や特技について簡単に説明し

てください。

⑷ 夢は（　　　　　　　　　　　　　　　　　　　）

（え）４つの手拍子に合うように、夢についてわたしの考えをまとめてください。

２．（あ）～（え）について考えて、□の中に書いてください。４つの手拍子の中でおさまるようにまとめてください。

３．自己紹介のラップを発表した感想を書いてください。

4．友だちの発表を聴いたことについて感想を書いてください。

5．わたし自身、そして友だちの夢が実現するためにはどういう社会にしていけばよいでしょうか。あなたの考えを書いてください。

レッスン４

晋平太のラップを聴いて考える・話し合う

テーマ ラップを聴こう・考えよう――晋平太〈ボコボコのMIC（マイク）〉。

教科等 国語　音楽　道徳　社会　総合的な学習の時間　学級活動

対象学年 小学５年生以上

時間 全３時間(45～50分×３)

ねらい ラップの歌詞の中に表現されているラッパーの心情について考え、共感的に理解することができる。

ラップが、ラッパーのこれまでの経験やそこで感じたことについて、そしてそれらを通して考えたことを多くの人に伝える役割があることに気づく。

ラップの歌詞についてわたし自身と関わらせながら、ことばについて考え、友だちと意見を共有し考える。

評価の観点

(1) ヒップホップは、グラフィティ・アート、ブレイクダンス、ＤＪ、MCまたはラップからなる総合的な文化であること。そしてラップはその中の一つのことばによるパフォーマンスであることを知る(知識・技能)。

(2) ラップが多くのことばで語るようにうたうパフォーマンスであることを知る(知識・技能)。

(3) 〈ボコボコのMIC〉のラップを聴いたり、ことばを読んだりして、作者である晋平太の気持ちについて考えることができる(思考・判断・表現力)。

(4) 〈ボコボコのMIC〉の感想をまとめ発表することができる(思考・判断・表

現力）。

⑸ 〈ボコボコのMIC〉を聴いてラップに関心をもち、他のラップも聞いてみたいと思うようになる（学びに向かう力・人間性等）。

⑹ 児童・生徒自身の経験や考えていることをことばで表現したいと思えるようになる（学びに向かう力・人間性等）。

展開

講義を聞く：ラップは、ヒップホップを作る４つの要素（グラフィティ・アート、ブレイクダンス、ＤＪ、MCまたはラップ）の中の一つであることを伝える。
講義を聞く：ラッパー晋平太について知る。
鑑賞する：ラップを読みながら〈ボコボコのMIC〉を聴く。
考える：ラップを読み、晋平太の気持ちを把握する。
考える・表現する：ラップに共感できる部分を探し出し、友だちと話し合う。
鑑賞する：ラップについて共感したり、考えたりしながら〈ボコボコのMIC〉を聴く。
考える・発表する：児童・生徒がラップを作るとしたらどのようなことをテーマにしたいかを考えて発表する。

教材

・ミュージックビデオ・音楽
晋平太〈ボコボコのMIC〉
・その他
模造紙、マジック（グループの数）
ワークシート４「晋平太〈ボコボコのMIC〉を聴いて考えよう」
資料４「ボコボコのMIC　晋平太」

レッスン4で紹介するのは、ラップのことばの意味について考え、話し合いをする授業である。考えて話し合うことは、子どもたちの思考力と批判的なものの見方を育てる。さらにラップの意味を解釈することで、子どもたちはラップづくりのためのイメージを広げることができる。

レッスン4では、まずアメリカで出版されたヒップホップの教育に関する文献を元にどのような授業を展開できるのかを探る。その後、晋平太の〈ボコボコのMIC〉(2020)で日本の学校で実践するための授業を提案する。晋平太自身が語った〈ボコボコのMIC〉についての解説は、33~36ページに掲載している。

1. ラップを議論するアメリカのヒップホップ教育

アメリカでは多くのヒップホップと教育に関する本が出版されている。その一例として『若者文化の力——生徒と教師の関係づくりと生徒の参加を促すヒップホップ教育(*Youth Culture Power: A #HipHopEd to Building Teacher-Student Relationship and Increasing Student Engagement*)』(Rawls, J. D. & Robinson, J. 2019)と『ヒップホップ教育——ヒップホップ教育集　第2巻——応用と社会正義(*HipHopEd: The Compilation on Hip-Hop Education Volume2: Hip-Hop as Praxis & Social Justice*)』(Adjapong, E. & Emdin, C.〈Eds.〉2020)をあげることができる。この2冊の本の中で紹介されている授業実践例からは、日本の授業でも国語、社会、音楽、学級活動などの教科や総合的な学習の時間や学級活動で用いるアイディアを得られる。

『ヒップホップ教育——ヒップホップ教育集　第2巻——応用と社会正義』の著者の一人であるキャルベリス(Karvelis, N.)は、ラップとヒップホップのミュージックビデオに焦点を当てた授業を紹介している(2020, pp.125-138)。そこでは、ラップを聴いたり、またはミュージックビデオの観たりしながら、授業でどのような話し合いができるか、その視点が示されている。

この学習を通して、子どもたちは、ラップの歌詞やヒップホップのミュージックビデオが描いている世界が子どもたちの暮らすアメリカの社会や文化の縮図であることに気づく。そして、子どもたちが暮らす社会や彼らの文化について、どう思うかを改めて考え、批判的なものの見方を育てる。こうしたラップやミュージックビデオを分析する活動は、子どもたち自身がラップを作るときに役に立つ。

2. ヒップホップについて議論する

アメリカで紹介されているヒップホップのミュージックビデオやラップを解釈する活動について、キャルベリスは、まずラッパーのチャイルディッシュ・ガンビーノ(Childish Gambino)の楽曲〈This is America〉(2018)のミュージックビデオを取り上げた。このミュージックビデオは、2018年第61回グラミー賞最優秀ミュージックビデオに選ばれており、その内容についてミラー(Miller, H.)と生田が『HuffPost』の「アート＆カルチャー 2018年05月15日」で解説をしている。

ミュージックビデオの冒頭では、カルバン・ザ・セカンド(Calvin The Second)が演じるアフリカ系男性が白い倉庫の中でギターを弾いてる。そして間もなく男性は銃で撃たれる。銃でアフリカ系男性が殺害される場面は、2012年に起こった17歳のアフリカ系少年トレイヴォン・マーティン(Trayvon Martin)射殺事件をテーマにしているのではないかということである。そしてその後にもアフリカ系の人々がゴスペルをうたっている最中に射殺される場面がある。これらが展開されるのは白い倉庫の中である。この白い倉庫は、ヨーロッパ系中心のアメリカ社会を象徴しているとも言われている(ミラー、生田)。

ミュージックビデオには、チャイルディシュ・ガンビーノ自身が登場しダンスをしながら物語が展開する。そのファッションとダンスは、ブラック・プレジデントといわれた黒人解放運動家でナイジェリア出身のフェラ・クティ(Fela Kuti)を模しているようにも思われる(ミラー、生田)。フェラ・クティは、アフロビートの創始者である。その代表曲には、ファンクやアフリカの音楽など様々な音楽要素が融合された〈Water No Get Enemy〉(1975)がある。

このように、〈This is America〉は、ヨーロッパ系中心のアメリカ社会、そしてアフリカ系をめぐって起こる銃撃事件を取り上げ、アメリカにおける偏見や差別についての問題を提起しているのである。

キャルベリスは、授業の中で〈This is America〉を観て、ミュージックビデオに描かれたイメージについて、「アメリカの黒人男性の生活について何を伝えているのか」「近年の新自由主義の政治について何を伝えているのか」「わたしたち自身について何を伝えているのか」ということを議論する授業を提案している(Karvels 2020, pp130-131)。

次に、ラッパーのXXXテンタシオン(XXXtentacion)のラップの歌詞についての学習である。XXXテンタシオンのラップの歌詞には、女性蔑視、性差別、罵倒などの過激な表現が用いられている。こうした表現は授業で取り上げるのには不適切であるに違いない。しかし、キャルベリスは、そこにあえて焦点を当て、ヒップホップが描きだす社会問題を考える教材として用いる。そこでの議論のテーマは、差別に関わるような歌詞を伴ったラップをうたう「XXXテンタシオンの活動をボイコットするか」「XXXテンタシオンの人生における性差別や罵倒は、ヒップホップにつきものなのか」「これがアメリカ文化の特徴なのか」といったことである(Karvelis 2020, pp.131-132)。

XXXテンタシオンは、二十歳のとき、銃撃によって亡くなった。XXXテンタシオンの〈Look At Me〉(2015)は、女性に関する過激な表現がされている。一方、〈Sad!〉(2018)は、二十歳の男性の孤独が描かれたラップである。XXXテンタシオンの生い立ちと孤独には、同じ世代であるがゆえに、〈Sad!〉を読めば、歌詞に共感する若者も多くいるはずである。

3. アメリカの高等学校社会科の授業とラップ

ヒップホップで描かれているイメージについて考えることは、子どもたちの批判的思考を育てるために意味がある。それは、これまで無意識に見ていたものについて、改めて注意を払い、異なる観点に注目して新たな発見をしようということである。要約すれば、批判的思考とは、「それは本当だろうか？」と疑って、真実とは何かを追求する力のことである。

アメリカでは、批判的思考を育てるための教材としてヒップホップを教材としている教師がいる。ヒップホップは、子どもたちの日々の生活との関連の中で批判的思考を育成するための場面を提供することができると考えられているのである（Stovall 2006, p.589）。

こうした考え方に基づいて、シカゴの公立学校では、19名のアフリカ系とラテン系の生徒を対象にヒップホップの歌詞について「社会と社会的不平等」というタイトルの６回にわたる社会の授業が行われた。６回のうちの一つの授業は、ジョージア州出身の二人組のヒップホップアーチストであるアウトキャスト（OutKast）の〈Elevators（Me and You）〉（1996）の歌詞についてである。アウトキャストのラップの歌詞について、考え、議論することで生徒の批判的思考を育てる授業である。

授業の中で、生徒は、まず〈Elevators（Me and You）〉の歌詞を読む。一般的に、アウトキャストはヒップホップアーチストとして成功したと思われている。しかし、アウトキャストがうたっているラップの歌詞は、自分たちの苦労にふさわしい報酬を十分に得ているわけではないと感じていることが書かれているのである（Stovall 2006, p.595）。

多くのビデオや歌詞に登場するヒップホップアーチストは、贅沢な暮らしをしているような描かれ方をしている。しかし、〈Elevators（Me and You）〉の歌詞には、アウトキャスト自身、特別な存在としてではなく多くの人々と同じように働き、様々な緊張感の中で生きているという現実が記されているのである。生徒は、この楽曲の歌詞の解釈を通して、メディアで描かれたアーチストの虚構と現実との違いについて考えた。そしてそれに基づいてその他のアーチストや彼らの歌詞の中に描かれたヒップホップのイメージについて議論した。その後、「日々の生活でだまされているのではないか」と思えるようなことはないかを考えて、それについて作文を書く活動を行った（Stovall 2006, p.595）。こうして生徒の批判的なものの見方を育てているのである。

指導案例４（１時間目）

展開 時間	学習活動	指導上の留意点
導入 ５分	今日の授業では、ラップのことばの意味を考えることを伝える。音楽を聴いて、ラッパーの考えを知り、ラップが人々の思いや願いを伝える役割があること、そしてわたしたちがラップを作るとしたらどのようなテーマにしたいかを想像できるようにすることを伝える。	ラップとは何かという質問が出たら11－14ページの晋平太へのインタビューを用いて説明する。
展開① 10分	晋平太の〈ボコボコのMIC〉を聴く。 〈ボコボコのMIC〉を読む。 歌詞の中で「共感する」「いいなと思う」ところに線を引く（何か所でもよい）。 線を引いた中で最も「共感する」「いいなと思う」ところを一か所選んで○（まる）で囲む。	音楽ミュージックビデオを鑑賞してもよい。鑑賞している最中は、歌詞を読まずに聴くことに集中し、音とことばを味わうように伝える。 歌詞は資料４〈ボコボコのMIC〉を印刷して配布する。 「共感する」や「いいなと思う」だけではなく、「ここの意味をもっと知りたい」など疑問をもったところでもよい。
展開② 15分	「共感する」「いいなと思う」理由を200字程度で記す。 →ワークシート４	書き終わってしまって時間が余ったら隣の席の友だちと意見を交換してもよい。
展開③ 15分	「共感する」「いいなと思う」について同じところに○（まる）を付けた人をクラスの中で探して、グループを作る。 どうしてそこに「共感する」「いいなと思う」に○（まる）をつけたのか200字の作文を読みあって伝える。	同じところに「共感する」「いいなと思う」を記した友だちを見つけられなかった場合がある。その場合、見つけられなかった子ども同士がグループを組んでお互いの意見を伝えあうように指示する。

まとめ ５分	〈ボコボコのMIC〉で晋平太が伝えたいことは何かについて100字でまとめる。 →ワークシート４	授業内でまとめられなかったら宿題にする。

指導案例４（２時間目）

展開 時間	学習活動	指導上の留意点
導入 ５分	晋平太〈ボコボコのMIC〉のラップの意味を理解するために、グループ活動をすることを伝える。	〈ボコボコのMIC〉を鑑賞する。
展開① 10分	５名程度のグループを作る。 前回の授業（１時間目）の「まとめ」の時間に書いた100字の考えを読み合う。	 必ずグループの全員が授業の感想を読みあげるように指示する。
展開② 30分	100字のまとめを元に小さなカードに一人ひとりの考えを10字～30字程度に要約して書く。 カードを模造紙に貼る。	大き目の付箋紙や、一筆箋程度の大きさの用紙を配布する。
まとめ ５分	模造紙にまとめた内容をグループごとに確認し合う。	時間があれば、いくつかのグループが発表する。

指導案例４（３時間目）

展開 時間	学習活動	指導上の留意点
導入 ５分	前回の授業で模造紙の内容を発表すること、そしてラップを作るとしたらどのようなテーマにしたいかを考えることを知る。	

展開① 30分	前回の授業で模造紙に意見をまとめたときのグループになる。 発表の前半を担当するグループと、後半を担当するグループに分かれる。 後半のグループに属する児童・生徒は、前半グループの発表を順番に聞きに行く。 前半の発表を担当するグループは、模造紙を広げて説明する。 10分経過したら、前半と後半を交代する。	ラップは、自分のことを語り、それを周囲の人たちと分かり合えるためのひとつの手段であることについて伝える。
展開② 10分	以下についてワークシートに記す。 ・ラップを作るとしたらどのようなテーマにしたいかについて	ラップには前向きに進んでいこうとする気持ちが込められている歌も多いことを伝える。
まとめ ５分	どのようなラップを作りたいと思うかを発表する。	

ワークシート４

晋平太〈ボコボコのMIC〉を聴いて考えよう

1．晋平太の〈ボコボコのMIC〉のラップの中でもっとも「共感できるところ」「いいなと思うところ」で○（まる）をつけたところを書き出してください。

2．「共感できる」「良いと思った」理由を以下に書いてください。（約200字）

3．晋平太が〈ボコボコのMIC〉の中で伝えたかったことは何かについて考えて、記してください。

4．ラップを作るとしたらどのようなテーマにしたいかについて記してください。

資料4「ボコボコのMIC　晋平太」

I said a Hip Hop
The hippie the hippie to the
Hip hip hop and you don't stop
Break it the bang bang boogie de bang bang boogie
I said a Hip Hop
The hippie the hippie
To the Hip hip hop and you don't stop
夢が次々現実になる
ツギハギだらけの日々

俺の名前は晋平太
ラップは俺の人生だ
狭山[*1]の茶畑で夢見てた

あの頃はただのティーンネイジャー
ラッパーに憧れてイキってた
カラオケでマイク握ってた
聴いてたマイカフォンペイジャー[*2]
ブッダブランド[*3]　キングギドラ[*4]
はじめてのバトルはボロ負け
金髪でエミネム[*5]のモノマネ
俺の黒歴史超ダセー
けど無駄だったなんて思わねー
当時仲間と組んだネオジオンクルー[*6]
気が狂うまでラップしまくる
ラッパーが将来の夢
それだけが存在の証明

Hip Hop
The hippie the hippie to the
Hip hip hop and you don't stop
Break it the bang bang boogie de bang bang boogie
I said a Hip Hop
The hippie the hippie
To the Hip hip hop and you don't stop
夢が次々現実になる
ツギハギだらけの日々

憧れてた赤レンジャー
一体おれは何レンジャー？
育った環境にヒントがあった
色んな意味でおれはチャレンジャー

ボコられても前に行く
ボコボコのマイク奪いに行く
ヒップホップはファイトミュージック
だが忘れていった愛という軸
どうすりゃ目立つ
有名になる？
目の色変え目指すゴールドメダル
自分と誰かを比較していた
それが人格も小ちゃくしてた
方位磁針はグルグル回って
ハリボテのジシンは崩れ落ちたけど
時が経ちゃっとわかった
勝ち負けの外に価値があった

Hip Hop
The hippie the hippie to the
Hip hip hop and you don't stop
Break it the bang bang boogie de bang bang boogie
I said a Hip Hop
The hippie the hippie
To the Hip hip hop and you don't stop
夢が次々現実になる
ツギハギだらけの日々

俺の名前は晋平太
ラップは俺の人生だ
あっという間の20年間
ラッパーとして生きてきた

初めはただの趣味だった
ただラップが好きだった
今じゃ水木金土日月火
やってもあきないビジネスさ
多くの仲間が消えていった
悔しかったのも知ってんだ
フト思い出してんだ
この一生一遍だ
少し質問していいですか？
なんで誰かの振りしてんだ？
自分の人生生きてるか？
その人生好きですか？

Hip Hop
The hippie the hippie to the
Hip hip hop and you don't stop
Break it the bang bang boogie de bang bang boogie
I said a Hip Hop
The hippie the hippie
To the Hip hip hop and you don't stop
響くBeatsに
刻むヒストリー
世界にたった一つのストーリー

＊１　埼玉県狭山市。
＊２　マイクロフォン・ペイジャー　1992年に結成された日本のヒップホップグループである。
＊３　ブッダブランドは日本のヒップホップグループである。1989年に結

成された。

＊４　キングギドラは1993年に結成された日本のヒップホップグループである。

＊５　1972年生まれのアメリカのラッパー、プロデューサー、ソングライター。

＊６　晋平太がかつて組んでいた音楽グループ。

レッスン５

わたしの物語をラップにする

テーマ　わたしの物語をラップで語ろう　友だちのラップに心を傾けよう。

教科等　国語　音楽　道徳　社会　総合的な学習の時間　学級活動

対象学年　小学５年生以上

時間　全２時間（45～50分×２）

ねらい　楽しかったこと、つらかったこと、嬉しかったこと、腹が立ったこと、悲しかったことなどを思い出してわたしの物語を８つのセンテンスで表現する。

わたしの物語をラップで表現し、友だちに伝えようとする。そして友だちの物語を聴いて、お互いを認めあう。

ラップを表現することによって、わたしの物語に耳を傾ける友だちの存在があることを感じることができる。それによってわたしについて自信をもって伝えることができるという意識をもつことができる。

評価の観点

⑴　わたしの物語について考えて、テーマを設定することができる（知識・技能／思考・判断・表現力）。

⑵　設定したテーマに従って、８行（手拍子４つの中に入る程度のことば×８行）のラップを作ることができる（知識・技能）。

⑶　わたしの物語をラップとして友だちの前で表現することができる（思考・判断・表現力）。

⑷　友だちの物語を友だちの気持ちを考えながら聴くことができる（思考・判

断・表現力)。
⑸ わたしの物語を主体的に作ることができる(学びに向かう力・人間性等)。
⑹ ラップで表現するということにはどのような意味があるのか、ラッパーたちの気持ちについて共感することができる(学びに向かう力・人間性等)。

展開

講義を聞く：わたしの物語をラップで表現する。そのために楽しかったこと、悲しかったこと、悔しかったことなどを思い出してテーマを決定することを知る。
講義を聞く：４つの手拍子の中で語ることのできる文章を８つ作ることを知る。
考える：わたしの物語を作る。
表現する：わたしの物語をラップで表現する。
鑑賞する：ラップの中で語られる友だちの物語を聴く。
考える：わたしの物語を表現したこと、そして友だちの物語を聴いて感じたことについて考える。

教材

・ミュージックビデオ・音楽
晋平太〈ボコボコのMIC〉
ルーペ・フィアスコ(Lupe Fiasco)〈The Show Goes On〉
・その他
ワークシート５「ラップでわたしの物語を語ろう」

レッスン５では、子どもたちのこれまでの経験を基にラップを作る。具体的には、楽しかったこと、嬉しかったこと、辛かったことなど日常の出来事をテーマにする。方法としては、子どもたちが印象に残ることを振り返り、８行のラップを作る。一行のことばは、だいたい４つの手拍子の中におさまる程度でまとめる。それぞれが作ったラップは、クラスで発表する。自分のことを表現し、それをクラスの友だちに認められることは子どもたちにとっての大切な経験となる。

１．大学生が作ったラップ

レッスン３では自己紹介をするラップを作る活動を紹介した。ここでは、子どもたちが経験した嬉しかったこと、つらかったこと、楽しかったことなど、過去を振り返ってラップを作る。もちろん、子どもたちは過去を振り返るだけではなく、過去を出発点にこれからどのように将来を築いていくことができるのかということもラップの中で語っていく。

磯田ゼミの学生は、晋平太からラップの作り方を学んできた。まずは、レッスン３に示した自己紹介のラップを作った。次に、学生が過去を振り返り８つのセンテンスでできたわたしの物語のラップに挑戦した。例えば、学生が作ったラップは以下の通りである。

＊２ページのQRコード「大学生がわたしについて語ったラップ」でいくつかの例を聴くことができる。

（１）　沼澤倫久

- 高校受験で失敗した
- 内申点が悪かった
- 人生で初めての挫折
- メンタルは骨折
- 行ったところで頑張ると決めた

- 悔しさをバネにして努力した
- やっとつかめた大学の合格
- 楽しかった大学の生活

（２） 平野莉乃

- 毎日通った部活動
- 気が付けば続けた６年間
- みんなで目指したナンバーワン
- 勉強両立苦労した
- だけど今は良い思い出
- 夢は学校の先生
- そして入った埼玉大
- たくさん経験積んで
- 目指せ、人気者の先生

（３） 菊池巧真

- 泣きたくなった高校入試
- 真っ白になった数学テスト
- 行きたくなかった学校へ行き
- 忘れられない友だちできた
- 三年間のschool days
- 今では最高の思い出
- 失敗してもあきらめない
- その先に失敗なんかない

（４） 荒川結衣子

- わたしの名前は荒川結衣子
- 生粋のさいたまっ子

- 生まれも育ちも大宮区
- 何もないけどすごく落ち着く
- パンを食べることが好き
- 美味しいパン屋を巡ることが趣味
- 夢は毎日笑顔で過ごす
- みんなの笑顔が生きる活力
- もうひとつの趣味はダンス
- ロックダンスを踊ってます
- ダンスサークルでの活動が
- 大学での最高の思い出
- だけど執行代の昨年
- コロナのせいで空白の１年
- みんなと一緒に踊りたかった
- また大勢で踊れたら良いな

＊執行代はサークルの代表として運営の中心になる学年

＊＊レッスン３自己紹介とレッスン５のわたしの物語をつなげたラップ

ゼミ生は、晋平太から、例えば、挫折したことなどを基に自分のストーリーで８つのセンテンスのラップを作るという宿題を与えられていた。それぞれ学生は、作ったラップをはじめに晋平太の前でうたい、アドバイスをもらった。その後、修正した完成版のラップを全員の前で発表した。

学生は、自分自身のラップを表現すること、そして友だちのラップを聴くことの意味をそれぞれ語った。そして学生の語りに対して晋平太が答えている。以下は５名の学生の感想である。

こんなに難しいと思っていなくて、ラップを作るのって頭を使うことだって思った。何のことを書こうかと考えて、それでワードを選ぶのを考えて、難しかったけど。ラップは、自分の頑張ったこととか辛かったこととかをフランクに伝えらえると思う。真剣に話すってこともあるけど、歌を通して自分の気持ちを伝えることもできるんだなって思った。

学校でやったら、あまり仲良くない関係性のできてない人とも、歌でやりとりをすれば自分のことを簡単に知ってもらえると思う。（荒川結衣子）

考えることが楽しかった。一つの表現でもことばを変えたり、体言止めにしたり。それが楽しかった。自分は高校から大学までの現在までのことをざっくり書いた。皆もざっくり書いてラップで語っていたからもっと知りたくなった。

ラップは、国語だけじゃなくて、子どもにとっても取り組みやすいと思う。（沼澤倫久）

頭ではわかっていてもことばに出すのが難しかった。息継ぎのタイミングなどもむずかしい。ラップを作るとき、自分を振り返って、自分が改めてどういうことを大切にしているのかってことがわかった。挫折の経験をラップで表現する人がいた。こうやって挫折を乗り越えることができたことを自分のことばで表現できることは自己肯定感につながるのではないかと思う。だから子どもたちがラップをやったら自己肯定感が高まるのではないかと思う。（島崎皓太）

ラップは難しいなと思っていたけど、やってみると楽しかった。同じ表現でも違うことばを探したりして国語の勉強になるのかな。普通に自己紹介するよりも深いところまで話せる。普通に話していたら知らないことを知れるし、自分のことを興味もってくれるんだなって。学校の授業でやればそういうことを感じてくれれば、学校に行きたいなって思う子が増えてくるんじゃないかなと思う。（平野莉乃）

最初はちょっとラップに苦手意識があった。実際、自己紹介とか過去を振り返ることを通して自分を表現できるってことはすごいことだと思った。韻を考えて音楽に合わせてうたえるようになるのもすごく楽しかった。子どもたちに広げられたらいいなと思った。大学生だとことばの語彙とかあるから選択肢があるけど小学生とかだと自分の中のことばが少ない分、もっと感情的に自分の主張をしてくれるのかなって思った。（菊池巧真）

こうした学生の感想からは、まずラップに対して当初苦手意識や難しいのではないかという意識があったが、やってみたら案外とっつきやすく楽しかったこと。そして自分のことを伝えそれを友だちに認めてもらえることが嬉しかったと感じていることがわかる。

そしてこうした活動を例えば小学生が体験する意味はどのようなものがあるのかについて意見を出し合った。一番の意味は、子どもたちがラップを通してお互いを認め合うことができるということである。子どもが認められることができれば教室に居場所ができる。それによって学校が楽しくなり、ますます学校に行きたくなる。学級の人間関係作りにラップの活動は意味がある。

先に紹介した学生の意見に対して、晋平太は次のように語った。

自己肯定感が高まるっていうのは、俺も思う。自分のことを好きになれる子どもが一人でも増えたらそれでいい。俺はまさにそれがやりたい。

ラップっていうのは自分のことを話す。俺の人生。俺の幼少期こうだったよとか、そこから這い上がってきたとか。それを音楽に乗って表現するとみんなが共有してくれる。そんなすごいことなくない？　それがラップのすごいところ。

みんなでやって、俺も話すからじゃあお前のも聞こうか。それが一番いい。全員やってそれぞれ違うわけで、全く同じ人生を生きている人なんて絶対いないから。大まかに言ったら、皆埼玉大学の学生で普通に生きてきましたって言って変わったことなんてないですよっていう人も多い。でも、こうやって根掘り葉掘り聞くと一緒のことなんてないからっていうのを伝えられるといいよね。それが一番素晴らしいことだし、正解ないから。それをどう伝えるか。（晋平太）

このように晋平太は、ラップを通して、誰もが子どものころからの自分について話ができること、そしてそれを聴衆と共有することができると語っている。晋平太が教えてくれたのは、自分自身について語る８つのセンテンスのラップである。１つのセンテンスは４つの手拍子の中におさまればいい。ラップは、そういった限られた中でことばを選びながら、自分自身の過去を振り返りながら未来について考えていく活動である。

こうしたラップで表現されたそれぞれの経験や未来は、共感を得ること、そして異なる世界を知ることから聴衆の感情を揺さぶることも多くある。自分自身について語っているのは晋平太〈ボコボコのMIC〉も同様である。

自分について語り、ヒットしたアルバムにローリン・ヒル（Lauryn Hill）の『The Miseducation of Lauryn Hill』（1998）がある（Karvelis 2020, pp.134-135）。このアルバムのヒットの背景には、音楽だけではなく、アーチストが語ることばを聴いて、悲しくなったり、励まされたり、考えさせられたりされているからであろう。

２．わたしについての語り方――オートエスノグラフィーを使ってみる

わたしの物語をラップにする際、わたし自身のことを考えてことばにする。わたしのことを振り返り、語る一つの方法にオートエスノグラフィー（自己エスノグラフィー）という方法がある。そもそも、エスノグラフィーとは、民族学や社会学の調査の方法として用いられてきた。それは、調査したい特定の対象（例えば、ある民族集団、学級など）に入り込み、その文化の特徴を明らかにしていく方法である。多くの場合、エスノグラフィーは、調査する人と調査する対象は異なっている。一方のオートエスノグラフィーの対象はわたし自身である。つまり、わたし自身を調査の対象として分析するのである。

ラップは、オートエスノグラフィーの考え方を用いて作ることができる（Karvelis 2020, p.134）。岡原は、オートエスノグラフィーについて、次のよう

に説明している(岡原 2014, p. 78)。

> オートエスノグラフィーのテキストは、小説、詩、戯曲、フォトエッセイ、随筆、日記、社会科学的散文などといった多様な様式をとる。意味あるオートエスノグラフィーに欠かせない(ことは、)感情的想起という方法で、実際に体験した現場に生々しく立ち戻り、経験された感情を生き戻すことである。そしてつぎに、その現場を離れ、感情が高まっているうちに書く(カッコ内引用者)。

このようにオートエスノグラフィーの重要な点は、感情が高ぶったときを思い出し、そのときの出来事を書き記す。藤田・北村によれば、それは内省的な行為であり、例えば、病人としての意識、家族の死別に伴う当惑や空虚感、恋愛に伴う嫉妬や高揚感などである(藤田・北村 2013, p.104)。そして、オートエスノグラフィーは、多様な形式で表現してよい。そうであれば、ラップもその形式の一つといえる。

このようにオートエスノグラフィーが内省的な行為であることから、怒り、喜び、悲しみ、孤独、達成感など過去の感情をじっくりと振り返る必要がある。そこで大切なのは、自分について考える時間である。そのために、宿題などで自分を振り返りテーマを決定するなどの課題を出しておくよい。それによって、自分の感情と向かい合うことができる。

アメリカの学校で、オートエスノグラフィーによって子どもたちが作ったラップの内容は、子どもたちが暮らすアリゾナ州でニックスの有色の若者として直面する困難について、または子どもたちが情熱をもっていることや興味についてであったという(Karvelis　2020, p.134)。このように子どもたちが声を上げる活動は、子どもたちの生活の中にある様々な重圧を理解するだけではなく、それらの重圧に対して声を上げようと子どもたちをエンパワーするための一つの取り組みでもある(Karvelis 2020, p. 134)。

このように子どもたちの感情や出来事を表現することは、自分やその周辺にある現実や問題について理解するだけではなく、それらについてどう考えるのかを周囲に向けて発信していくことでもある。

指導案例５（１時間目）

展開時間	学習活動	指導上の留意点
導入 ５分	わたしの物語をラップで表現することを知る。 ラップには喜びや哀しみ、様々な主張を多くの人々に伝える力があること、そしてラップを通して表現することを通して人々と考えを共有できる可能性があることを知る。	ラップの授業を行うのが初めての場合は、〈レッスン４〉で取り上げた晋平太〈ボコボコのMIC〉を鑑賞したり、〈レッスン２〉で取り上げたルーペ・フィアスコの〈The Show Goes On〉のミュージックビデオ（日本語訳付き）を鑑賞する。
展開① 10分	わたしの物語のテーマを考える。 →ワークシート５ 嬉しかったこと、楽しかったこと、イライラしたこと、悔しかったこと、悲しかったことなど様々な感情がどのようなときにわき起こってきたのかについて考える。 ワークシート５に記入したわたしの物語のテーマを隣の席の友だち、またはグループで共有する。	必要であれば、オートエスノグラフィーという考え方があり、過去の感情を手掛かりに、そのときの想いを振り返る方法があることを伝える。 テーマ設定は、〈レッスン４〉を行っておくとイメージしやすい。 テーマがなかなか決まらない場合は、教師がアドバイスをする。
展開② ５分	わたしの物語のラップの例を聴く（２ページのQRコード「大学生がわたしについて語ったラップ」でいくつかの例を聴くことができる）。	埼玉大の学生が作ったラップ（101~103ページ）を教師がパフォーマンスし、模範を示す。
展開③ 15分	テーマに基づいてラップを作る。 ８行で作ることを知る。 →ワークシート５	１行のことばが４つの手拍子の中におさまるように作ることを伝える。

展開④ 10分	グループで作ったラップを紹介する。 友だちのラップを聴くときは手拍子をしながら聴く。	友だちのラップをしっかり聴くこと、そして良いところを見つけて評価することを伝える。
まとめ ５分	今日の授業の感想を記す。 →ワークシート５	

指導案例５（２時間目）

展開 時間	学習活動	指導上の留意点
導入 ５分	前回の授業で作成したラップを発表することを知る。 作成したラップを確認する。 となりの席の友だちと確認しあう。	晋平太〈ボコボコのMIC〉のインストルメンタルを流し、ラップを心の中でつぶやき、確認するように指示する。
展開① 35分	一人ひとりがラップを発表する。	晋平太〈ボコボコのMIC〉のインストルメンタルに合わせて発表する。
まとめ 10分	ラップを発表したことと、友だちのラップを聴いたことの感想を記す。 →ワークシート５	子どもたちが書いた感想をクラス全体、またはグループごとに発表する時間をとれるとよい。 またそれぞれのラップや感想を印刷して配布してもよい。

ワークシート５

ラップでわたしの物語を語ろう

ラップには、喜びや悲しみ、様々な感情やわたしの考えを多くの人々に伝える力があります。そして、人々はそれを聞いて、ラップに表現されている人々の気持ちや、いろいろな考えを大切にしようと考えるようになります。

１．わたしの物語のテーマを決めよう。
たとえば、嬉しかったこと、楽しかったこと、イライラしたこと、悔しかったこと、悲しかったことなど様々な気持ちを思い出して、わたしの物語のテーマを考えてください。

わたしの物語のテーマ

２．テーマに基づいてラップを作ろう。８行で作ります。１行のことばは、４つの手拍子でおさまるようにします。手拍子をしながら作ってみよう。

１行目

２行目

３行目

４行目

５行目

６行目

７行目

８行目

３．ラップを作ってどう思いましたか。今日の授業の感想を書いてください。

４．授業でラップを発表したことと、友だちのラップを聴いたことの感想を書いてください。

レッスン６

社会正義とラップ――こんな世界で暮らしてみたい

テーマ わたしたちのまわりにある問題に気づき、それについて考えラップで表現して伝えよう。

教科等 国語　音楽　道徳　社会　総合的な学習の時間　学級活動

対象学年 小学５年生以上

時間 全４時間（45 ～ 50分×４）

ねらい わたしたちのまわりには様々な困難があることに気づく。様々な困難がいろいろな人がいるという多様性について十分に理解していなかったり、違いを大切にしようとしないことによって生じることも多いことを知る。そしてより良い社会へ変えていこうという意識をもつ。

友だちの良さを思い浮かべて、ラップを作って表現する。

暮らしたい理想の世界を描いたラップを作り表現する。

ラップをクラス以外の友だちや保護者、地域の人々にどのように伝えることができるのかを考え、実際に伝える活動に参加することができる。

評価の観点

⑴ わたしたちの周りにある問題に気づき、課題意識をもつことができる（知識・技能）。

⑵ わたしたち自身が社会の中の問題に取り組み、より良い将来を築ける主体であることを理解することができる（知識・技能）。

⑶ わたしたちの周囲にある困難とそれを改善しようとする内容のラップを作

ることができる(思考・判断・表現)。

⑷ ラップを作り、それをクラスで表現することができる(思考・判断・表現)。

⑸ 作ったラップを他のクラスや学校全体、そして地域や保護者の人々に対して伝える活動に主体的に関わることができる(学びに向かう力・人間性等)。

展開

物語を読む・考える：アンデルセンの童話『みにくいアヒルの子』を読む。そしてなぜ、みにくいアヒルの子は、ハクチョウになる前に、仲間外れされ続けてきたのかを考える。

考える：友だちの良いところを認め合い、「こんなクラスにしてみたい――違っていてもいいじゃない」のラップを作る。

鑑賞する：バーズ・アンド・メロディ（Bars and Melody〈BAM〉）の〈Hopeful〉を鑑賞する。

講義を聞く：ブラック・ライブズ・マター（BLM)運動のテーマ曲としてヒップホップが取り上げられていることを知る。

鑑賞する：『私はあなたのニグロではない(I Am Not Your Negro)』（2018、ラウル・ペック監督)を観る。

考える：〈Hopeful〉と『私はあなたのニグロではない』の鑑賞を通して、いじめや差別が起こる理由について考える。

考える：「こんな世界で暮らしてみたい」のラップを作る。

表現する：「こんな世界で暮らしたい」のラップをクラス、学校、保護者、地域に向けて表現する手段について考える。そして作ったラップをパフォーマンスする。

教材

- **ミュージックビデオ**

  バーズ・アンド・メロディ（Bars and Melody〈BAM〉）の〈Hopeful〉

- **音楽**

インストルメンタル（カラオケ）晋平太〈ボコボコのMIC〉（２ページのQRコード）

・**映画**

『私はあなたのニグロではない（I Am Not Your Negro）』（2018、ラウル・ペック監督）

・**絵本**

アンデルセンの童話『みにくいアヒルの子』

・**その他**

資料２「ブラック・ライブズ・マター（Black Lives Matter〈BLM〉）運動について」

ワークシート６「ラップを作ろう――こんな世界で暮らしたい」

レッスン６では、違いを大切にすることをテーマにラップを作る活動を行う。違いを大切にするというテーマは、「ラップで社会正義を表現するためにはどんなテーマがいいだろうか」と磯田ゼミの学生たちと話し合いをして決めた。

一方、社会正義をテーマとして、人種問題に関わるラップを作ったアメリカでの実践がある。その例についても紹介する。そして、ここでは、多様性の尊重をめぐる社会正義の実現に向けて、ヒップホップを鑑賞し、ラップを作るための授業を計画した。晋平太によると、ラップとは「Peace（平和）、Unity（結束）、Love（愛）そしてHaving Fun（楽しむこと）」である。この４つのことばに近づけるような活動を提案したい。

1．違うことの大切さに気づく

小学校の教室を思い出してみる。黒板の上あたりに例えば、「友だちたくさんできたらいいね」とか「元気いっぱい３年２組」といったスローガンが貼ってある。スローガンに掲げられているのは、元気で友だちいっぱいで明るい子のイメージである。それは、担任の先生の理想の子なのだろうか。大人になればそのスローガンに掲げられた意味を疑う気持ちもわいてくる。しかし、子どもであれば、友だちたくさん作って、明るく元気で一生懸命勉強する子であるように頑張らなければならないと考えるだろう。そういったプレッシャーの中で、子どもたちは生活しているともいえる。

しかし、言うまでもなく子どもたちもいろいろである。元気がない日もあるだろうし、学校で明るくなんてとてもできないような家庭から通学している子どももいるはずである。そういった子どもたちも安心して教室にいられるクラスがよい。スローガンに当てはまらない子どもがいてもいいのである。

違いを認められない状況はいじめを生み出すことにもなりかねない。埼玉大学教育学部の学生の多くは教師になることを希望している。教育を考える際の大きな課題としてまず学生があげるのがいじめである。学生たちは、将来、担任したクラスでは、いじめを起こしたくないと心から願っている。

それでは、なぜ、いじめが生じるのか。そこには違いを認められれないということが、その原因のひとつにあるのではないだろうか。いじめの被害者にならないように、教室の中の見えない基準から外れないようにしている子どもも多いだろう。そのために子どもたちには、空気を読んで、教室のスローガンにある通りの明るさをほどよく演じることが求められるのである。

しかし、それは実際容易なことではない。いじめられないように皆同じようにふるまわなければならないという緊張感の中で生活することはかなり苦しい。そういった緊張感から解放されるために、皆それぞれ違い多様であることを認識することが大事なのである。

イギリスのバーズ・アンド・メロディ（Bars and Melody〈BAM〉）の〈Hopeful〉（2014）は、いじめられることの辛さと、いじめられている友だちを励ますことばで表現された中学生によるラップである。このラップには、いじめを批判するメッセージが込められている。このラップは、同世代の子どもたちにも大きな影響を与えたはずである。

磯田ゼミの学生たちは、いじめのない学級に向けて「違いを大切にする」ということをテーマにどのようなラップができるかということを考えた。実際に作ったのが次のラップである。

(1)菊池巧真

多様性って何だろう？
自分と違うって悪いこと？
違うって何？　肌の色？
他の人から見れば自分も違う
同じことより違っているのが多い
だったら違いじゃなくてそれは個性
考え方ひとつで変わる見方
一人一人がみんなの味方

(2)野々村真愛

みんなで仲良く話せるクラス
話しかけることから始めよう
ピアノが得意、運動が苦手
図工が得意、算数が苦手
それぞれ得意も不得意もあるけれど
互いに助け合えるクラス

(3)石堂汐里

わたしたちのクラスは５年３組
楽しい仲間がたくさん
でもみんなそれぞれ違っている
素晴らしいものをもっている
支え合える友だちだ
それが僕らのかたちだ！
できないことがあるのが当たり前
それぞれ笑顔それで一人前

しかし、学生たちからは、このテーマに基づいてラップを子どもたちが作ることの難しさについて意見があった。まず子どもに「『違いを大切にする』ことをテーマにしたラップを作ろう」といってもイメージがつきにくいだろうということである。

そこで、「こんなクラスにしてみたい―違っていてもいいじゃない」をテーマとして、子どもたちそれぞれに違いがあって皆ユニークであること伝えるラップであれば作りやすいのではないかということになった。そのための入り口として、まず、子どもたちは、友だちの良いところを見つけてラップにしていく。

次に、「こんなクラスにしてみたい」ことを伝えるラップを作る。その際、キーワードをいくつか決める。そのキーワードは保護者にも相談しながら一緒に考える。そこで出し合ったキーワードに基づいてラップを作る。

学年が進めば、「こんな世界で暮らしたい」のように視野を教室から地域、そして世界に広げていくことができる。

２．アメリカの人種問題をめぐるラップ

一方、アメリカには、社会問題、特に人種による差別をテーマにしたラップを作る学習がある。ここでは、その例としてクレモンズとクレモンズ（Clemons, K.A. & Clemons, K. M.）の報告を紹介する。

クレモンズとクレモンズは、ヒップホップがコミュニティの改善に向けて教師と子どもたちが取り組むことのできるユニークな文化であると指摘し、社会正義を子どもたちに習得させることができることを主張している（Clemons & Clemons 2013, p. 59）。

クレモンズとクレモンズは, 2007年と2008年に実施した第３学年から第９学年（小学３年から中学３年生）の子どもたちを対象とするヒップホップに関する５週間のサマープログラムについて紹介した（Clemons & Clemons 2013, p. 61）。子どもたちはそれぞれ、レベル分けされており、MCまたはラップ、ブレイクダンス、グラフィティ、ＤＪの４つの要素に基づいて学習に取り組んだ。

サマープログラムの活動の中には、人種問題に関わる経験に基づいたドキュメンタリーとサウンドトラックを作成する活動があった。人種問題についての話し合う教材として『マイティ・タイムス――子どもたちの行進（Mighty Times: The Children's March）』を鑑賞する。『マイティ・タイムス――子どもたちの行進』は、2004年に公開された1960年代の公民権運動をテーマにしたドキュメンタリー映画である。ここでは、このドキュメンタリー映画に基づいて、1960年代の人種問題、そして今も残る差別について話し合うきっかけを作っている。ドキュメンタリー映画についての話し合いに基づいて、子どもたちは現在の人種や民族をめぐる差別や偏見に関わる問題、そしてそこで抑圧される人々について考える。その考えに基づいて、ことばを作りラップで表現するの

である。

ラップの歌詞を作り、表現することは、社会問題を認識し、その課題を考え表現するために意味がある。クレモンズとクレモンズは、子どもたちが作ったラップの歌詞を紹介している。２名の男子の参加者は,「死と喪失」をテーマに歌詞を書いた。愛する人を突然失うことの辛さをラップの歌詞にしたのである。歌詞には、親戚など身近な人々がドラッグ、暴力に関わっていたことや、病気で突然亡くなったことなどが描かれた(Clemons & Clemons 2013, pp. 63-64)。この歌詞は、生活のために必死で働くことの大変さについても記されている。

同じくラップの歌詞を創作する活動において、ある女子の参加者は、アメリカの若者の試練と苦難を表現した(Clemons & Clemons 2013, pp.64-65)。そこに描かれているのは、イラクに派兵された若者、精神的な病を抱える若者、薬物依存の若者、望まない妊娠、性被害あった若い女性についてである。こういった子どもたちの不安や彼らが認識している社会問題を表現するための一つの方法としてラップが用いられているのである。

こうした内容のラップは、身近な問題を作り手自身が考えられるのと同時に、その問題を周囲に伝えることができる。

3. 教室から保護者、地域へひろがるラップ

子どもたちが作ったラップは、教室の中だけにとどまらず、学校を超えて多くの人々に表現できる機会があるとよい。そのためにはどうしたらよいだろうか。そのひとつの考え方として、アメリカの音楽教育における社会正義に関わる考え方が参考になる。アメリカでは、音楽教育においても、音楽の社会的政治的側面に関してどのような実践を行うことができるのかについて、そのモデルとなる活動が紹介されるようになってきている。

その中でもロバーツとキャンベル(Roberts & Campbell)は、子どもたちと地域の関係に注目する。具体的には、学校で学んだ音楽をイベントで演奏することをその例のひとつとしてあげている。例えば、高齢者、障がいのある人々

といった多様な地域住民に学習の成果を発表する。また、学校や住宅密集地、教会、ショッピングセンター、コミュニティの集会所などで演奏する。一方、国民の祝日や地域のまつりなど(例えば、メモリアルデーのパレードやマーチン・ルーサー・キングの記念日など)子どもたちがアンサンブルで演奏できるコミュニティのイベントを探したりすることなどである(2015, p.282)。こうした場所やイベントは、教師が準備するのではない。子どもたちがどのような場所やイベントで演奏するのかということを決定するのである。

以上のように、日本の学校の子どもたちも、作ったラップを地域の人々や様々なイベントに紹介できる機会をもつとよい。また学習発表会や文化祭といった学校行事で発表することもできる。一方で、社会正義に向けた社会づくりは、子どもたちだけで行うわけではない。そこには、保護者も同様の価値観を共有することが大切である。保護者の価値観が変われば、子どもも変わる。

その際、子どもたちが作成したラップを学級通信に載せたり、ラップをまとめた冊子を作成し配布して保護者に配布する。それによって、保護者自身も子どもたちのラップのことばを通して、社会正義について考え、学ぶことができるのである。

指導案例６（１時間目）〔５年生以上〕

展開時間	学習活動	指導上の留意点
導入 ５分	今日の授業では、「こんなクラスにしてみたい－違っていてもいいじゃない」というテーマのラップを作ることを伝える。	
展開① 10分	アンデルセンの童話『みにくいアヒルの子』を読み聞かせる。	絵本はモニターで映してクラス全体がしっかり絵を見ることができるようにするとよい。

	なぜ、アヒルの子は仲間外れにされたのか、その理由について考える。 そして、仲間外れにされ存在を否定されることで、アヒルの子が自信をもてなくなってしまっていることを知る。	一羽だけ異なることによって仲間外れにされてしまっていたという解釈を示す。 受け入れられない状況が自尊感情を傷つけ、自分自身を嫌いになってしまうことにつながることを伝える。
展開② 15分	「こんなクラスにしてみたい―違っていてもいいじゃない」というテーマのラップを作ることを知る。 となりの席の友だちとペアになる。 となりの席の友だちの良いところを４つのセンテンスでラップにする。	ラップのテーマを板書する。 ラップができたら友だちに伝えるように促す。
展開③ 10分	グループになって、作ったラップを紹介し合う。	手拍子を伴奏にラップを表現するように伝える。
まとめ 10分	グループごとに発表する。	手拍子をしながら聴くように指示する。

指導案例６（２時間目）〔中学生以上〕

展開 時間	学習活動	指導上の留意点
導入 ５分	ラップには正義を訴える力があり、それに多くの人々が共感していることを知る。	
導入 10分	バーズ・アンド・メロディ（Bars and Melody〈BAM〉）の〈Hopeful〉を鑑賞する。 ラップを用いていじめの問題を明らかにしたバーズ・アンド・メロディの活動の意味について考える。	日本語訳のついたビデオを鑑賞する。

展開① 5分	現代のBlack Lives Matter運動においてもラップが正義に向けての活動に影響を与えていることを知る。 ケンドリック・ラマー（Kendrick Lamar）の〈Alright〉は、ブラック・ライブズ・マター（BLM）運動のテーマ曲と考えられていること、そして歌詞の中には、どんなときも負けずに闘うこと、大丈夫（Alright）だと人々を励ましている歌だということを知る。	Black Lives Matter運動については、レッスン2の資料2（66－67ページ）を用いることができる。 〈Alright〉には、不適切なことば（explicit）が多く含まれている。〈Alright〉のラップの大意及び、その歌が正義に向かう運動を活気づけ、人々の連帯を促していることを中心に話す。
展開② 15分	『私はあなたのニグロではない（I Am Not Your Negro）』の映画の以下の部分を中心に鑑賞する。 全体を鑑賞するのではなく、例えば以下の部分を鑑賞することができる。 • 30:07 ～ 32:50 • 42:00 ～ 46:01 • 57:15 ～ 1:00:16 • 1:10:25 ～ 1:13:57 • 1:26:12 ～ 1:29:27	鑑賞した感想を記し、グループごとに語り合うように伝える。
展開③ 10分	鑑賞した映画を基に、「こんな世界で暮らしたい」をテーマにしたラップを作ることを知る。 ラップで使えるキーワードを出し合う。 →ワークシート6	キーワードに基づいてラップを作ることを伝える。
まとめ 5分	キーワードを発表する。	黒板に書きだす。

指導案例６（３時間目）〔中学生以上〕

展開時間	学習活動	指導上の留意点
導入 ５分	今日の授業ではラップを作って発表することを知る。	
展開① 10分	「こんな世界で暮らしたい」のラップを１行以上作る（１行４つの手拍子におさまるようにことばをまとめる）を作る。 →ワークシート６	前回の授業で集めたキーワードを示す。 作ったラップをクラス全体で合わせて一つの作品にすることを伝える。
展開② 10分	グループになって練習する。	
展開③ 10分	グループごとに発表する。	晋平太〈ボコボコのMIC〉のインストルメンタルに合わせて発表する。
展開④ 10分	晋平太〈ボコボコのMIC〉のインストルメンタルに合わせて全員順番に発表する。	クラスで一曲の作品になるようにする。
まとめ ５分	次回の授業では、クラスで作ったラップをどのように他のクラス、保護者、地域に伝えていくかと考えることを伝える。	

授業案例６（４時間目）〔小学校５年生以上〕

展開時間	学習活動	指導上の留意点
導入 ５分	今日の授業では、クラスで作ったラップを他のクラス、保護者、地域に伝えていく方法や手段を考えることを知る。	

展開① 10分	ラップを学校内、保護者や地域の人々に伝える方法について考えワークシートに記入する。 →ワークシート6	例えば以下のような方法がある。 • 学習発表会(文化祭)で発表する。 • 模造紙にラップを書いて廊下に掲示する。 • ラップを記した印刷物を作成し、保護者や地域に配布する。
展開② 20分	グループごとに話し合い、一つの案を決定する。	決定した理由についてもまとめるように伝える。
展開 10分	グループごとに出た案を紹介し、クラス全体でどのように学校内、保護者や地域の人々に伝えるか、方法を一つ決定する。	グループの代表が「展開②」でまとめた「決定した理由」を基に、発表する。それぞれの案について、子どもたちはそれぞれ投票するように伝える。
まとめ 5分	決定した方法を実行するために、次の授業では役割分担を行い、実行に移すための取り組みを開始することを伝える。	

ワークシート6

ラップを作ろう——こんな世界で暮らしたい

1. 「こんな世界で暮らしたい」のラップを作るときにどのようなことばを使うことができるか、思いつくだけ書き出してください。(例：平和)

２．「こんな世界で暮らしたい」のラップを作ってください。３行以上作ってみましょう。１行は４つの手拍子におさまることばで作ります。

３．ラップを他のクラスや学年、地域の人たち、保護者に知らせるためにはどのような方法があるか思いつくだけ書き出してみよう。

第3部 理論編

教育学からみた社会正義とヒップホップ

写真：Wikimedia Commons

ヒップホップはアメリカで誕生した文化である。そしてヒップホップによる教育もアメリカで生まれた。アメリカの教師は、勉強に熱心に取り組まない子ども、家庭に困難を抱えているために学校の授業に集中できない子ども、貧困の状況にある子ども、人種や民族で差別を受けた経験のある子どもなどの学力を高めるための教育方法を探してきた。そこで、今、注目されているのがヒップホップなのである。

ラップを作って表現する活動からは批判的なものの見方、思考力、表現力が養われる。こうした学力は、わたしたちがおかれている状況をしっかりと見て、おかしいと思ったら声を上げ、社会正義に向けて行動ができることである。それはすべての子どもにとって必要な学力である。

もちろん、学校では、いろいろな教科の授業の中で、知識や技能を習得していくことも必要である。ことばを学び、世界の文化や歴史を知識として学ぶことが大切なのは言うまでもない。そこで重要なのは、そこで学んだ知識や技能を生活にどのように生かすことができるのかである。そして子どもたちがより良い世界で暮らせるようにことばを発し、行動していくことである。そのためのことばを声として発する最初の一歩がラップなのである。「理論編」では、教育学の視点から、「社会正義とは何か？」や「どうしてヒップホップで教育するのか？」といったことを考えていくための情報をアメリカの教育理論を中心にまとめている。

1．社会正義をどのように考えたらよいのか

1）社会正義とは何か

権力に対して、ラッパーはたくさんのことを主張してきた。ラップは、庶民の立場から社会正義を叫ぶひとつの手段である。社会正義を主張するラッパーのように、子どもたちには社会に物申すことのできる大人に成長してほしい。そして社会をより良い方向に変えてほしい。

ラップの授業を受ければ、子どもたちにはラップを通して自己主張するための基礎は養われるはずである。ラップの授業によって、自己主張するための準備は整う。それでは、肝心な子どもたちが主張すべき内容は何か。それは、社会正義である。しかし、一体、社会正義とは何だろうか。そこで、ここでは、まず、社会正義について考えてみたい。

以前、わたしは社会正義をテーマにした授業を小学校でやりたいことについて、幼稚園園長で元小学校校長の先生に相談したことがある。その先生は、社会科指導主事をしていたこともあった。だから、わたしは、社会正義について理解を示し、社会正義についての授業はこうあるべきというような明確なアドバイスをくれると期待していた。しかし、その先生の答えは、「社会正義って何なんだろう？　社会正義なんてものがあるのかな？」であった。

その答えに正直わたしはがっかりした。しかし、その先生のことばについてしばらく考えた。なるほど、確かにその通りで、人によって社会正義と思うことはそれぞれなのである。例えば、保守的な人もいれば、革新的な人もいる。つまり、人によって正義と思うことは立場や考え方によって違うはずである。「これが社会正義です」と決定できる唯一の基準はない。人によって物差しはいろいろなのである。むしろ、「これが社会正義です」と押し付けることは正義ではない。

2）社会正義について考えて伝える

「社会正義って何だろう？　社会正義なんてものがあるのか？」と問うことは、実はとても重要である。つまり、社会正義とは何かを主体的に考え、わたしが考える社会正義を何度も問い直しながら、そしてその考えを周囲のひとたちに恐る恐るでも表現して尋ねてみることが大切なのである。そうすればそこに対話が生まれる。

社会正義についての授業というのは、実は、「社会正義とはこういうものです」という授業ではなく、「社会正義ってわたしにとって何なんだろう？」と子どもたちが考える活動である。そしてわたしが正しいと思うことについて勇気をもって主張して、その正義について語り合うことである。それは、正義についてのわたし自身の考えをしっかりもち、正義に向かって行動するための基礎となる活動である。

3）テストではかれない学力

社会正義を問い考え、わたし自身の考えを主張しても、それをテストではかることはできない。社会正義に正解がないことを考えればテストで点数はつかないのである。つまり、それは、国語、理科、算数・数学といった教科の授業の内容を理解して知識を身に着けてその結果をテストではかるのとは異なる。

高校受験をはじめとする入学試験は、基本的に知識・技能が問われる。したがって、子どもたちは、より良い点数をとるために知識・技能を獲得するための努力をする。

それは教師も同様である。全国学力・学習状況調査の結果を気にする教師は多いのではないだろうか。全国学力・学習状況調査とは、2007年に始まった小学校６年生と中学校３年生を対象とした調査である。その結果は都道府県で順位がつき明らかになる。そして、自治体内でも各学校が順位付けされてその結果が報告される。全国学力・学習状況調査の実施にしたがって、都道府県ごと、そして各学校でテストの結果が競われる現状からテストでより良い点数を獲得できるよう、教師は、教科の学習指導をする。

しかし、教育はテストで点数をとることだけが目的ではないことは言うまでもない。子どもたちが理想とする世界を築くために社会正義について考え、その考えを大切にして行動していくような学力も学校で身に着けていかなければならないのである。なぜなら、理想の社会正義で満たされた未来を築くことは、将来子どもたちが幸せに暮らすための基盤になるからである。こうした未来を築く学力を育てることを大切することは、教育の大きな役割なのである。

わたしたちは、誰に押し付けられることのないわたしの社会正義を追求することができる。そしてそれは、わたしなりの幸福を築くことでもある。教師には、そのための子どもの背中を押してあげることが必要なのである。

以上のような考えは、アメリカの教育における新自由主義の影響への批判から始まった。教育における新自由主義には、テストによって子どもたちを競わせることで基礎学力を高め、より優秀な働き手を育てていこうとする考えが根本にある。つまり、経済発展に適した人材を学校で育てていこうとする考え方である。

アメリカには、経済を発展させるための都合の良い人材を育てることが教育の役割となりつつある状況を疑問視している教師や教育研究者が多くいる。それらの教師や教育研究者は、創造性、批判的なものの見方、表現力を育てることの必要性を主張している。そういった学力を育てるために、ヒップヒップ、中でもラップは注目されているのである。

テストによる競争を批判するアメリカの教育者の一人であるラドソン－ビリングス（Ladson-Billings, G.）は、テストで点数をとることばかりが授業の目的となってしまい、地球温暖化、戦争と平和、失業、貧困といったトピックは学校の時間割の中に現れなくなってきていることを指摘している（2018, p. 417）。

テスト勉強も必要である。しかし、身の回りや社会の問題を批判的に考えること、そして実際にそれらの問題をどのように解決することができるのか真剣に考え、社会を良くするための勉強も必要である。それは日本においても同様である。

2．ヒップホップで育てたい学力

1）テストに追われる教師

わたしは担当する大学院の授業を履修した小学校の先生と話す機会があった。その先生は、小学校の先生を１年間休職して大学院に通っていた。とても熱心で優秀な小学校の先生である。その先生に、「大学院で何を研究したいのですか？」と尋ねた。すると「全国学力・学習状況調査で高い得点をとることのできる教育プログラムを開発したいのです」と答えたのである。

全国学力・学習状況調査で良い点数をとった学校は指導力が高い、優れた学校だと評価されるのだろうか。校長先生たちからのプレッシャーもあったようで、その先生はその結果をとても気にしていたのである。

そこでわたしは考えた。一体、子どもたちが身につけるべき学力とは何だろう。それは、全国学力・学習状況調査での学力なのか？　それとも高校、大学入試で問われる学力なのだろうか？　もちろん、テストではかれる学力を否定するわけではない。

しかし、一度、このテストではかれる学力についての限界を考えてみたい。このことを疑問視するためにアメリカの教育の動向からは多くを学ぶことができる。

2）テストを批判する中で見えてきた大切な学力

アメリカでは、1983年に報告書「危機に立つ国家」が提出された。この報告書でアメリカの教育の危機が明らかにされた。この報告書がきっかけとなって学力向上に向けたアメリカの教育改革が始まった。鈴木によれば、報告書では、「学力標準テストの点数のみを『学力』」と捉えて学力を向上させ、結果としてグローバル経済に対応できる子どもたちを育成することを教育の重要な目的として位置づけているという（鈴木 2020，pp.27-28）。その中で子どもたちが習得すべき学力の中心とされているのは、英語、数学、理科である。そして、英語、数学、理科のテストの結果を高めるために多くの経費をそれらの教科に投入されるようになった。

英語、数学、理科の学力の向上を目指す究極的な目的は何だろうか。その答えのひとつは、よき労働者の育成である。ホーズリー（Horsley, S.）は、今日のアメリカでは経済に従事する雇用に適した市民を育成することに教師も保護者も専念させられていると指摘する（2015, p.68）。グローバル経済を支えていけるような人材の育成が、教育の目的となってしまっているのである。

よき労働者を育てることを目指す教育には問題がある。なぜなら、そこには、子どもたちの明るい未来を築いていくための教育を追求しようという考えがないからである。子どもたちがおかれている環境をより良くするためには、子どもたちが世の中にある様々な問題を批判的に捉え、改善に向けて行動することが必要になる。こういった学力を育ていることが、今、軽んじられているのである。

ウエストハイマー（Westheimer, J.）によれば、テストを重んじるあまり、今日の教育は、子どもたち、そして教師自身が社会的、そして政治的問題について批判的に分析する機会が少なくなってきてしまっている（2015, p.111）。したがって、教師の仕事はテストで良い点数をとるための知識と技術を注入することが中心となり、子どもたちの社会や政治に対する批判的なものの見方を育てることのできる教育の機会がどんどん減ってしまっているのである。つまり、今日のアメリカにおいて、社会に対する批判的なものの見方といったことに関しての学習には重きがおかれなくなってきているのである。

これはアメリカばかりの問題ではない。日本も同じである。前述した「全国学力・学習状況調査で高い得点をとることのできる教育プログラムを開発したいのです」と言った先生がその典型ではないだろうか。テストではかることのできる学力だけで、子どもの未来が良くなるわけではない。創造力、批判的なものの見方、現状を変えていくことのできる行動力といったテストではかることのできない学力を育てることを忘れてはいけないのである。

３．考えて行動する学力

1）わたしを取り巻く環境について知る

子どもたちは自分がおかれている状況を客観的に考えることは難しい。例えば、勉強が苦手であることはその子どもだけの責任なのだろうか。そうではないはずである。家庭の状況、経済格差、そして担任教師の働きかけの少なさなどいろいろな理由があるはずである。もしかしたら、教室が暑かったとか極端に寒かったとかそういう環境が原因かもしれない。

こうしてみると学習に集中できないということは、子どもだけの責任ではないことがわかる。そのことをわかって、子どもには自分たちがおかれている不利な状況を客観視し、冷静に考え、その改善を願い、声を上げてほしい。黙っていてはだめなのである。今、自分が抱えている問題を改善するために社会を変える行動が必要だと知るべきである。

ヒップホップを使った授業は、アメリカで学習への不参加、問題行動といった課題を抱える子どもたちの教育の在り方を考えるのに意味があると考えられている。そして、ヒップホップ、中でもラップを使った授業は、子どもたちのことばを豊かにし、批判的なものの見方を育てることができる。

2）ヒップホップの教育を行うアメリカの教師から学ぶ

日本においても、現在、全国学力・学習状況調査の結果を重んじ、他国に負けないようにということで子どもたちの学力を向上させようとすることが強調されている。そういった動向に抵抗するための授業を提案している日本の教育者はいるのだろうか？

一方、アメリカでは、それを問題視して新しい授業の考え方を提案している教育者がいる。それは、ヒップホップを教えることの可能性を信じている教育者たちである。そこで、アメリカの教育者たちは、「学力とはなにか？」「テストでいい点数をとることばかりが学力なのか？」について、アメリカのヒップホップを使った教育を通して考えているのである。

アメリカでは学習になかなか取り組まない子どもの学習参加を促すために子どもたちの家庭の音楽や文化を理解して、それを学校に取り入れようという考え方がある。それを「文化に関連した指導」(culturally relevant teaching)や「文化に対応した指導」(culturally responsive teaching)という。簡単にいえば、その考え方は、批判的なものの見方を育てるために、子ども自身や子どもの家庭や地域の文化を理解して、それをなるべく授業に取り入れようとする考え方である。

「文化に対応した指導」の考え方は、貧困層、アフリカ系、ヒスパニックなど多様な階層や人種の子どもたちの学習参加を促すための考え方として近年注目されている。ヒップホップはそういった子どもたちにとって意味のある教材として注目されているのである。

ラドソン－ビリングスは、「文化に対応した指導」を提案したアメリカの教育研究者である。そして彼女は、ヒップホップを使った教育についても共感を示している(Ladson-Billings 2009, pp.vii-x)。

ラドソン－ビリングスは、まず、不公平に挑む批判的なものの見方を子どもたちに育てることが大切であると述べている(Ladson-Billings 1995, p. 469)。つまり、子どもたちが社会問題をしっかり考え、それを改善するためのために行動できる学力を育てることが必要だということである。それでは、もう少し詳細に、ラドソン－ビリングスが「文化に対応した指導」の中でどのような能力を子どもたちに育成しようとしているのかについてみてみたい。

ラドソン－ビリングスによると、文化に対応した指導には次の三つの要素が必要である(Ladson-Billings 2017, p.142)。

1. 「学力の問い直し」: 教師が子どもたちにとって必要な学力とは何かを考えること。
2. 「子どもの文化を理解する」: 教師が子どもの文化を理解すること。
3. 「批判的意識を育てる」: 子どもたちの批判的な能力を育てる授業を行うこと。

第一の「学力の問い直し」については、教師がテストではかれるような知識の他にどのような学力が子どもたちにとって必要かを考えることである。そして、教師は、論究する能力、問題解決の力、道徳心を得られるような学習が子どもたちにとって必要であることに気づくことが大切である（Ladson-Billings 2017, p.143）。

第二は、「子どもの文化を理解する」ことである。例えば、アフリカ系のコミュニティでは、Mr.、Ms.、Auntie、Uncle、Doc.などを名前の前に付けて呼ぶ。これは、相手に対する尊敬を表現するアフリカ系の独特の風習である（Ladson-Billings 2017, p. 143）。一方で、ヨーロッパ系の教師は、一般的に、例えば、「ジェームス」「レイチェル」のように名前だけで呼ぶ。したがって、教室で、アフリカ系の子どもたちが名前だけで呼ぶヨーロッパ系の教師に出会ったとき混乱してしまう。どのように名前を呼んだらよいのかわからなくなってしまうのである。

子どもたちが安心して学習に参加できる教室の雰囲気を作るために、教師は、できるだけ子どもの価値観や文化を大切にしたい。そのために、学校が所在するコミュニティの食料品店、健康施設、放課後プログラム、教会を訪ねてみるといろいろなことを発見できる（Ladson-Billings 2017, p. 144）。特に、アメリカの場合、教会では、教室で落ち着きのない子どもが牧師の説教を長時間聴いている姿に出会うことができることもあるという（Ladson-Billings 2017, pp.143-144）。このように子どもたちが関わる地域の様々な場所に出向くことで、教師は、コミュニティと教室の文化の違いに気づくことができる。そしてその違いに基づいて、学校では見えなかった豊かな能力を発見し、同時にどのように子どもたちの学習参加を促すことができるかを探ることもできるのである。

第三は、子どもたちの批判的意識を育てることである。子どもたちの批判的意識の育成について、ラドソン－ビリングスは、教室の中で当たり前のように語られていることに疑問をもたせるような授業を行うことを提案している。社会、文化、経済、政治など、様々な観点から、当たり前を疑うことである

(Ladson-Billings 2017, p.146)。重要なのは、わたしたちの周りにある様々な問題に気づくことであり、何事にも批判的に、疑問をもちながら考える能力を子どもたちに育成することである。

子どもたちに近い文化としてヒップホップは意味がある。そしてラップは、社会の良いことも悪いことも主張することができる可能性がある。

4．子どもの文化を大切にすること

1）教師が知らない子どもの文化

ヒップホップはアメリカだけでなく、世界中で人気がある。教師は、今、学校の外で何が流行っているのか、子どもたちの最新の文化をキャッチできるようアンテナをはっておきたい。そうして、教師が子どもの文化を理解することは良い授業、良い学級を作るためにとても大切なことである。

子どもたちは日常的にいろいろな文化に接している。子どもたちが学んでいることは学校で教わっていることだけではない。子どもたちは、友だち、地域や家庭、インターネット、テレビ、ゲームなどからたくさんのことを学んでいる。そこで、子どもたちが、どれだけの知識や技能を身に着けているか教師は考えたことがあるだろうか。例えば、ヒップホップについて教師より詳しかったり、ラップができる、あるいはブレイクダンスをものすごく上手に踊れる子どももたくさんいるはずである。

まず、ここではヒップホップと学校のつながりについて考える前に、子どもたちが日常関わっている様々な文化を知ることの意味について説明する。

2）学校の授業では見えない学力

2000年代の初頭、わたしは高等学校で芸術（音楽）の授業を担当していた。そのころ、ゆずや19（ジューク）、スピッツといったアコースティックギターで弾き語りできる歌が流行っていた。授業の中で、19の〈あの紙ヒコーキ くもり空わって〉（1999年）を生徒のアコースティックギターの伴奏でうたった。

生徒のアコースティックギターの伴奏は完璧であった。しかも、伴奏をした生徒は、リコーダーをやろうとしてもそもそもリコーダーを持ってこない、音楽鑑賞をしても眠っている生徒だった。それだけに、その生徒にこれだけのアコースティックギターに関する知識・技能が備わっているのかと驚かされた。その後、その生徒は、ギターの弾き方にアドバイスをくれる存在になっていった。

教師は、子どもの日常をどれだけ知っているだろうか。学校で落ち着きのなくても、地域のスポーツチームではリーダーになっているとか、そんなことはよくある話である。たとえば、ミュージカルに関心を示さない場合でも、ヒップホップだったら関心を示すこともあるはずである。学校外で接している文化と関わっている様子から教師は、子どもたちの意外な側面をみることができるのである。それでは、子どもの文化を大切にしてそれを授業に取り入れるためにはどうしたらよいのだろうか。

3）子どもの文化をどのように理解するのか

子どもが日常関わっている文化をどのように学校に取り入れていったらよいのか、基本的な考え方をアメリカの理論に基づいて説明する。それは難しいことではなく、簡単に言えば、子どもたちが暮らす地域について知り、子どもの日常について理解をするように努力することである。そして、子どもについて知ったことを授業や学級づくりに取り入れることである（Lind & Mckoy 2016, p.33）。

そのために、教師には、「文化的能力」が必要となる。「文化的能力」とは子どもの日常を理解する教師の能力であると要約することができる。具体的に、リンドとマッコイは、教師に求められる文化的能力として表１「教師に必要とされる文化的な能力の基本原理」のように７つの項目を示した。

表１ 教師に必要とされる文化的能力の基本原理

① 文化に優劣も、「正しい」「間違い」もないことを認識する。
② 文化は複雑であることを知る。わたしたちが考える文化についての定

義は、人々の属性を捉えるのには不十分である。わたしたちは、一つの文化集団に属しているのではないのである（一つか二つの文化に自己同一性を示すとしても）。

③ わたしたちは皆ユニークである。わたしたちは、様々な文化の影響を受けているのである。

④ 偏見を抱くと生徒を理解できなくなる。そして、偏見があると生徒たちのユニークさが見えなくなる。わたしたち自身とは異なる見方、知識、物事の行い方がある。わたしたちは、違いを感じたとき、それを「優れている」「劣っている」というように優劣で捉えてはいけない。

⑤ 多様性は、強みであり、価値のあるものである。

⑥ 文化は静止していない。わたしたちは、伝統、環境、経験を引き受け、文化を受け継ぐ存在である。

⑦ 歴史的、社会政治的要素は、学校教育に影響し、教師の仕事に強い影響を与え続けている。

＊表１は次の文献に基づいて作成した。Lind. V. R. and McKoy. C. L.（2016）. *Culturally Responsive Teaching in Music Education: From Understanding to Application.* Routledge, p.34.

このように、子どもについて、そして子どもを取り巻く家庭や地域の文化の理解ができるとよい。そうすれば、子どもの意外な学力を発見できたり、より良い授業ができるようになるかもしれないのである。例えば、ヒップホップについて詳しい子どもは、ヒップホップの授業で優位に立つことができる。一方、見よう見まねでアフリカのドラムを学び、演奏するのに慣れている子どもにとって、楽譜を読んでドラムを演奏することは難しくうまくいかない。だから、ドラムの演奏では楽譜を使わず、見よう見まねできるような学習方法を用いる。

アメリカの教育学者のゲイ（Gay, G.）は、すべての子どもたちにとってこれが正解であるというようなカリキュラム、指導方法、評価方法はないという（2018, p.160）。ゲイの考え方に従えば、教師は、教師の価値観に基づいて行っている授業が正しい授業だと思い込んでしまってはいけないのである。授業では、それぞれの子どもたちが活躍できるように、学校外で親しむ文化を授業に取り入れるような配慮もしていかなければならない。

子どもの文化を理解することは、教材や指導法だけではない。それは、子どもとのコミュニケーションも同様である。例えば、ヒスパニックの人々は、何かうまくできたときや励ますとき、肩をたたく。身体に触れるということは、ヒスパニックの子どもたちにとって重要なコミュニケーションなのである。ところが、ヒスパニックではない教師は、そのことを知らず、彼らの身体に触れることはない。それによって、コミュニケーションがうまくできず、子どもは教師に違和感を抱くようになる（Lind and McKoy 2016, pp.86-87）。

それでは子どもたちを理解するためには、どのような視点をもてばよいのかについてリンドとマッコイは、音楽の授業を対象に七つの視点を示している。その内容は、表２「子どもを知るためのストラテジー」としてまとめた（Lind & Mckoy 2016, pp.88-89）。

表２　子どもを知るためのストラテジー

①	それぞれの子どものプロフィールを作る。興味のあること、趣味、音楽の好みや音楽を学ぶ目的や抱負について。
②	①のプロフィールづくりについて学期が始まる前に保護者にも行う。質問は、音楽的な背景、歌や楽器をしている親戚はいるか。そして、家族の中で音楽ができる人がいるかどうか、いるとすれば何ができるのかを探る。おそらく、それによって音楽について専門知識のある人物を見つけたり、生徒の音楽の伝統を確認することもできる。
③	子どもたちが学校外でどのように音楽と関わっているのかを知る。学校外の音楽パフォーマンスに参加する。そのことで、教師は、学校では学習しないようなジャンルの音楽を演奏する子どもたちを見たとき、これまでとは異なる子どものミュージシャンシップを知ることができる。そして、教師はどのような音楽を音楽授業に取り入れたらよいのかを知ることができる。

④　音楽授業以外で子どもたちはどのように余暇を過ごしているのかを知る。生徒が参加するスポーツイベントやその他の活動を見ることで、生徒について新しい見方ができる。

⑤　もし、教師が子どもたちと同じ地域で暮らしていないのであれば、その地域で暮らす教員たちや学校のスタッフから地域についての話を聞く。地域の人々と話すことによって、子どもたちの文化的な生活についてより理解が深まる。

⑥　学校やランドマーク(学校に最も近い図書館、郵便局、食料品店)の周りをドライブしてみる。車を止めて、人々（庭を歩いている人、郵便配達員、地域の店の店員)に話しかけてみる。学校から一番近い店に行ってみる。そこにはミュージックショップはあるか？　子どもたちが通うのはどのような店だろうか？

⑦　音楽と音楽以外についても、学習に何を期待しているのか子どもたちと話をする機会を作る。

表２からは、教師が子どもの文化を理解しようとすることの大切さを理解できる。

教師には、子どもの視点に立って彼らが何を学びたいのか、そして学校と子どもの文化の違いをどこまで埋めることができるのかについて考えることが期待されるのである。それは、子どもの文化だけではなく、活動しにくい机の配置になっていないか、掲示は子どもたちの多様性を反映しているかなど、子どもの視点から教室を見直すことでもある(Lind & Mckoy 2016, pp.88-89)。

表２の①に関しては、特に重要であるのは子どもたちの音楽の好みや音楽を学ぶことの意味を理解しようとする点である。もちろん、カリキュラムや教科書に記された目的にしたがって、知識や技能を習得させることは必要である。しかし、それとは別に、子どもたちが授業に何を期待するのか、何を経験し学びたいと考えているのかを知ることも必要である。

②において、教師は子どもたちの家庭ではどのような音楽を聴いたりしてい

るのかを探る。家族が聴き、パフォーマンスする音楽は、当然、子どもに影響を与えている。保護者が大切にしている音楽であれば、子どももその音楽に対して親しみを感じているはずである。そういった音楽を知ることによって、教師は子どもたちの家族の音楽を大切にし、子どもたちの関心を引き付けることができるのである。そして、子どもたちが家庭で接している音楽を学校で演奏することになれば、講師として子どもの家族の誰かを招くこともできる。

③は学校外での子どもの音楽活動についてである。例えば、音楽のクラスでうたうことは苦手である子どもが、地域でブレイクダンスをしている場面に出会ったとき、教師の子どもに対する意識は大きく変わる。子どもの学校外での音楽との関わりを知ることは、教師にとって子どもの可能性を発見するきっかけとなるのである。

④、⑤、⑥は、授業とは直接関係しない内容である。しかし、どのように余暇を過ごし、どのような地域で人々と関わりながら暮らしているのか、そしてそこではどのような音楽が流れているのかを知ることは、暮らしや生活との関わりの中から子どもたちを理解するために意味がある。

ヒップホップは、アメリカでとても人気のある文化である。子どもの日常と関わらせれば、教師がヒップホップを聴いて学ぶことは、子どもとコミュニケーションするための一つの手段として、そして子どもたちが学校外で習得したすごい学力を発見することができるかもしれない。

5．学校でヒップホップの授業を行うのはなぜか

1）教師と子どものギャップ

なぜ、ヒップホップで授業を行うのであろうか。その大きな理由が二つある。第一は、ヒップホップが多くの若者に支持されている人気のあるかっこいい文化だからである。第二は、ラップを読んだり作ったりすることで批判的なものの見方、思考力、表現力を育てることができるからである。ここでは、ヒップホップが若者に支持されているという側面に注目したい。

教師は、どうしても教科書中心の授業をしてしまいがちである。確かに、教科書は、教師が伝えたいことがわかりやすくまとめられ、しかもレイアウトもよい。しかし、その情報が実は子どもの文化と遠いということもある。つまり、子どもが日常的に接しているのにも関わらず排除されている文化もある。ヒップホップのような今、世界ではやっている文化が教科書の記述ではごくわずかであることもそれを表している。

なぜ、教科書にヒップホップがないのか？　その理由のひとつは、教科書を作る大人が若者や子ども文化を理解していないからである。教師もまた、彼らが何に興味があるのか、または興味をもっている文化がどのようなものなのかを知らないのである。つまり、子どもや若者の世界そして、ヒップホップを知らない大人が教科書を作っているのである。

2）学校と家庭の文化の違いに気づく

わたしは、以前高校で芸術（音楽）の授業を担当していた。そのときある授業で、生徒にアメリカのソウルミュージックの歌手であるアレサ・フランクリン（Aretha Franklin）の楽曲〈Since You've Been Gone（Sweet Sweet Baby）〉を紹介した。なぜなら、その授業前日の日曜日、ＣＤショップに行ってアレサ・フランクリンのアルバム『Lady Soul』（1968年）を買ったからである。わたしの週末の音楽活動という雑談をしたかったのと、アルバム『Lady Soul』の中の〈Since You've Been Gone（Sweet Sweet Baby）〉という楽曲が、愛する人に別れを告げられ、戻ってきてほしいという哀しい歌詞がついているのにもかかわらず、音楽はノリが良く、退屈な授業も少し楽しくなるかなと思ったからである。

授業が終わってから常に授業での態度が好ましくない生徒がわたしに近寄ってきた。そしてこう言った「今日、先生が流したみたいな曲、お母さんも好きで聞いてるよ」。それだけを言いに来た。生徒の家庭で流れている音楽、お母さんが聴いている音楽が学校で流れたことによって、授業が身近に感じたのであろう。それで、その生徒は、わたしが流したアレサ・フランクリンのうたに関心をもって鑑賞していたのである。

3）子どもたちの生活とヒップホップ

アメリカの音楽教育研究者グルジェル(Gurgel)は、中学校合唱の授業における教師と子どもに対する調査を行った。そのために、中学校の合唱授業の教師ベックマン(Beckman)の教室を観察した。

ベックマンの合唱授業を受けている子どもたちが日常聴いている代表的な音楽はヒップホップである。グルジェルによれば、子どもたちが日常親しんでいる文化を授業で取り上げることが子どもたちの学力を高めることができる(Gurgel 2016, p.10)。

グルジェルが言う通り、教師が子どもたちの身近な音楽を知り、それらの音楽を授業に取り入れ、子どもたちが親しむ音楽の要素を取り入れたアレンジをすることは、学習参加を促すために重要である。グルジェルによれば、子どもたちは、すでに親しんでいる歌をうたおうとする一方で、知らない歌をうたおうとはしないという(Gurgel 2016, p. 41)。

そこで、グルジェルは、どういった歌を選択することが子どもたちの学習参加を促すのかについて調査を行った。グルジェルが調査した中学校合唱を担当する教師ベックマンと子どもたちへの聞き取りによると、ここで教師にとって必要なことは、子どもたちがノッてくるような音楽や文化が何かを理解すること、子どもたちの年齢に適した歌詞を教材とすること、そしてグループも大切である(Gurgel 2016, p.44)。まず、子どもたちがうたいたいと思うためには、その歌がどのような意図で作られたのか、歌が作られた背景や歌の意味についての知識が必要となる。

例えば，ジョン・レノン(John Lennon)の〈イマジン(Imagine)〉(1971年)である。〈イマジン〉は日本でもなじみの深い歌である。ある程度の年齢の大人は、〈イマジン〉が洋楽の中でも知名度がかなり高い楽曲だと認識しているはずである。ところが、〈イマジン〉は、今の子どもたちにとっては生まれる前のずいぶん昔の歌なのである。

〈イマジン〉をうたうとき、ベックマンの授業では、まずジョン・レノンのインタビューをまとめた映画を観て、ベトナム戦争についての彼の批評を学ぶ。そして、ジョン・レノンの暗殺と当時の社会政治に関わる出来事について理解を深める学習を行う(Gurgel 2016, p. 45)。このように歌の背景を学習することで、子どもたちのその歌への関心は高まっていく。

たとえヒップホップであっても、近年作られた音楽が教材となるとは限らない。〈イマジン〉についてのベックマンの授業では、歌が作られた背景についての理解を深めることを大切にしていた。

音楽については、身体を動かしたくなるようなグルーブも大切である。ヒップホップがブレイクダンスの音楽であるように、そのグルーブを学校で学ぶ音楽にも取り入れることを子どもたちは期待している。

ベックマンの合唱クラスに参加する子どもたちが好むうたに〈He Still Love Me〉(2003)がある。この楽曲は、ゴスペル調の歌である。男女数名によって応唱形式によってうたわれる。曲の中でビヨンセ(Beyoncé)がうたうパートはラップの要素が取り入れられている。ベックマンの合唱クラスの子どもたちは、〈He Still Love Me〉が緩やかなメロディでありながらも、踊れること、大きな声でうたうことに没頭できる点がよいと言っていた(Gurgel 2016, p. 47)。

以上の通り、教師は、子どもが授業の中で退屈そうな顔をしていたら、まず、教師の嗜好や価値観にこだわらず、子どもたちが求める文化を探求することである。ヒップホップは、その一つの手がかりとなるであろう。

6. ヒップホップによる教育の可能性

1) ラップにお金はかからない

ヒップホップは、特別な楽器が必要ない。伴奏のピアノもギターもいらない。伴奏は手拍子かインストルメンタル(カラオケ)があればできる。そして例えば「正しい音程で」とか「高い音域をうまくうたう」というような歌唱技術もいらない。音痴でも問題ないのである。しかし、それに代わって必要なのは、わたしが言いたいこと、伝えたいことをしっかり考えて、ことばでたくさん表現して伝えていくことである。

このような可能性のあるヒップホップ、その中でもラップは、アメリカだけではなく、日本の学校で学ぶ価値がある。

2）高校生とヒップホップ

わたしが高校で芸術（音楽）の授業を担当していた高校に、授業のたびにヒップホップの雑誌やＣＤを持ってくる生徒がいた。アメリカのヒップホップアーチストのトゥパック（2Pac/Tupac）が好きだったようで、トゥパックの生きざまやラップについて休み時間にいつも語っていた。その生徒のヒップホップに関する知識は、驚くほどであった。高校生にとっては難しそうな音楽雑誌を読んでいたのも印象的であった。しかし、その生徒は高校２年に進級する前に退学していった。

ヒップホップの雑誌やＣＤを音楽室に持ってきて、紹介する生徒がいたのにもかかわらず、わたしはシューベルトやビートルズといった教科書に載っている典型的な教材で音楽を教えていたのである。もし、わたしがヒップホップの話をしたり、ヒップホップを教材とできたら、その生徒の学力はもっと伸びたのかもしれない。

社会正義について考え、問い直し、表現することが子どもたちにとって重要な学力であることは前述した通りである。だとしたら、その際、学力差なくすべての子どもが参加できる教材を用いることが大切である。

3）アメリカのヒップホップ教育と日本

ヒップホップの教育の最先端はアメリカである。そこで、玉川は、『ヒップホップ教育法（Hip Hop Pedagogy）』の研究や実践がアメリカ各地で行われている」ことについて報告している。玉川によれば、ヒップホップ教育法とは、予算削減による公教育の質の低下や貧困層の退学者増加に対応する手段として、授業でのヒップホップの活用を体系化したものであるという（2018, pp.101-

102)。ここで言われているヒップホップ教育法のメリットを具体的にいうと次の二点である。

第一のメリット：予算削減されて様々な教材が買えなくなったとしても、手拍子を伴奏にして、たくさんの言葉を考えて表現することができること。
第二のメリット：学校で学ぶ内容に興味のない生徒にとっても、魅力的で、日常接しているヒップホップが子どもたちの学習参加を促す可能性があるということ。

ラップは、手拍子の伴奏だけでできる。そして、ことばを豊かにすることができる。そして、ラップには、いろいろな子どもが関心を示す可能性がある。こうしたメリットを考えれば、当然、日本でも取り入れたくなる。

ところが、こうしたヒップホップに関する授業は日本ではなじまないのではないかと玉川は指摘する(2018, p.105)。なぜなら、ヒップホップの人気がアメリカほどではないからという理由からである(玉川 2018, p.105)。本当にそうであろうか。子どもたちは、Kポップ、Jポップ、ロック、ゲーム音楽やその他にもいろいろな文化に関心があり、興味はそれぞれであろう。ヒップホップも日本人の子どもたちが関心をもつ一つの文化である。教師が子どもが好む文化のひとつであるヒップホップを理解することはとても大切なことである。そうだとしたら、アメリカで言われてきたヒップホップがもつ教育の可能性に注目し、その実践に取り組んでみたい。

そして、ヒップホップは、そもそも「声なき人の声」である(Kitwana 2005, p. xiii)。つまり、アメリカのアフリカ系の人々の生活や、その生活の中での様々な問題を明らかにし、その問題を解決するための連帯を促してきた役割がある。

日本には、様々な趣味をもったいろいろな子どもたちがいる。そういった子どもたちもヒップホップを聴き、ラップに挑戦すればその面白さはわかるはずである。

ラップは、社会正義をことばで表現し、現状を変えていこうとする手段となる。若者がメッセージを伝え、それを共有し、連帯しながら社会を変えるために、ヒップホップ、なかでもラップは影響力のある表現なのである。

そして何よりヒップホップはかっこよくて楽しい。ヒップホップの文化は、学校で多くの子どもたちの気持ちをつかむはずである。そしてラップで鍛えられた批判的なものの見方、創造力、表現力、そして社会正義への思いは、子どもたちがより良い世の中に変えるための力になるはずである。

＊第２部及び、第３部の一部は文献を加筆・修正して記した。

磯田三津子(2021)「アメリカ合衆国の『文化に関連した指導』における社会正義の考え方――ヒップホップの教材としての意義に着目して」『音楽教育学』50巻2号、日本音楽教育学会、pp.13-23。

磯田三津子(2021)「『文化に対応した指導』(culturally responsive teaching)の考え方に基づいた音楽授業の可能性 ―米国の多様な子どもたちの学習参加を促す音楽授業の在り方をめぐって」『日本教科教育学会誌』43巻4号、日本教科教育学会、pp.51-59。

読んでみよう・聴いてみよう・観てみよう

—引用・参考文献／音楽／映画—

《アメリカの音楽、ヒップホップ、ブラック・ライブズ・マターに関する本》

アイスT、シェイ・セラーノ著、小林雅明訳(2017)『ラップ・イヤー・ブック イラスト図解 ヒップホップの歴史を変えたこの年この曲』DU BOOKS。

R－指定(2019)『Rの異常な愛情——或る男の日本語ラップについての妄想』白夜書房。

宇多丸・高橋芳朗・DJ YANATAKE・渡辺志保著、NHK-FM「今日は一日“RAP”三昧」制作班編集(2018)『ライムスター宇多丸の「ラップ史」入門』NHK出版。

S.クレイグ・ワトキンス著、菊池淳子訳(2008)『ヒップホップはアメリカを変えたか？——もうひとつのカルチュラル・スタディーズ』フィルムアート社。

大和田俊之(2011)『アメリカ音楽史——ミンストレル・ショウ、ブルースからヒップホップまで』講談社。

押野素子(2017)『今日から使えるヒップホップ用語集』スモール出版。

小渕晃(2017)『HIP HOP definitive 1974-2017』Pヴァイン。

河出書房新社編集部編集(2020)『ケンドリック・ラマー——世界が熱狂する、ヒップホップの到達点』河出書房新社。

里中哲彦著、ジェームス・M・バーダマン著(2018)『はじめてのアメリカ音楽史』筑摩書房。

Zeebra (2018)『ジブラの日本語ラップメソッド』文響社。

ジェフ・チャン著、DJクール・ハーク序文、押野素子訳(2016)『ヒップホップ・ジェネレーション』リットーミュージック。

ジュゼッペ・ヴィーニャ著、小松 博訳(1998)『絵本で読む音楽の歴史 Vol.8 ジャズの歴史』ヤマハミュージックエンタテインメントホールディングス。

晋平太(2016)『フリースタイル・ラップの教科書——MCバトルはじめの一歩』イースト・プレス。

関口義人(2013)『ヒップホップ！——黒い断層と21世紀』青弓社。

ソーレン・ベイカー著、塚田桂子訳(2019)『ギャングスタ・ラップの歴史——スクーリー・Dからケンドリック・ラマーまで』DU BOOKS。

高橋芳朗著、TBSラジオ編集(2020)『ディス・イズ・アメリカ――「トランプ時代」のポップミュージック』スモール出版。
DARTHREIDER (2017)『MCバトル史から読み解く 日本語ラップ入門』KADOKAWA。
都築響一(2013)『ヒップホップの詩人たち』新潮社。
トゥパック・アマル・シャクール著、丸屋九兵衛訳(2017)『ゲットーに咲くバラ――2パック詩集』パルコ。
ネルソン・ジョージ著、高見展訳(2002)『ヒップホップ・アメリカ』ロッキング・オン。
長谷川町蔵・大和田俊之(2011)『文化系のためのヒップホップ入門』アルテスパブリッシング。
長谷川町蔵・大和田俊之(2018)『文化系のためのヒップホップ入門２』アルテスパブリッシング。
長谷川町蔵・大和田俊之(2019)『文化系のためのヒップホップ入門３』アルテスパブリッシング。
藤田正(2020)『歌と映像で読み解くブラック・ライヴズ・マター』シンコーミュージック・エンタテイメント。
山本伸・西垣内磨留美・馬場聡編集(2020)『ブラック・ライブズ・スタディーズ――BLM運動を知る15のクリティカル・エッセイ』三月社。
横山芙美編(2016)「特集　日本語ラップ」『ユリイカ』第48巻第８号。

《ヒップホップ・ラップの教育／教育に関する文献(日本)》

磯田三津子(2021)「アメリカ合衆国の『文化に関連した指導』における社会正義の考え方――ヒップホップの教材としての意義に着目して」『音楽教育学』第50巻２号、日本音楽教育学会、pp.13-23。
磯田三津子(2021)『文化に対応した指導』(culturally responsive teaching)の考え方に基づいた音楽授業の可能性――米国の多様な子どもたちの学習参加を促す音楽授業の在り方をめぐって」『日本教科教育学会誌』第43巻4号、日本教科教育学会、pp.51-59。
岡原正幸編著(2014)『感情を生きる――パフォーマティブ社会学へ』慶應義塾大学出版会。

川上具美(2007)「アメリカの中等学校におけるエンパワーメント教育——ヒップホップを使った自己表現活動」『国際教育文化研究』7、九州大学大学院人間環境学研究院国際教育文化研究会、pp. 61-72。

鈴木大裕(2016)『崩壊するアメリカの公教育——日本への警告』岩波書店。

玉川千絵子(2018)「ストリート×クラスルーム——未来の学びとしてのヒップホップ教育」『ユリイカ』50巻1号、pp.100-105。

藤田結子・北村文編(2013)『現代エスノグラフィー——新しいフィールドワークの理論と実践』新曜社。

文部科学省(2017)『中学校学習指導要領解説保健体育編』。

《ヒップホップ、ラップ、教育に関する文献(アメリカ)》

Adjapong, E. & Levy, Ian.(Eds.).(2020). *HipHopEd: The Compilation on Hip-Hop Edcation Volume2: Hip-Hop as Praxis & Social Justice*. New York, NY: Peter Lang Publishing.

Clay, A. (2006). "All Need Is One Mic": Mobilizing Youth for Social Change in the Post-Civil Rights Era. *Social Justice*, 33(2), pp. 105-121.

Clemons, K. A. & Clemons, K. M. (2013). What the Music Said: Hip Hop as a Transformative Educational Tool. In M. S. Hanley, G. W. Noblit., G. L. Sheppard & T. Barone (Eds.), *Culturally Relevant Arts Education for Social Justice: A Way Out of No Way*. New York, NY: Routledge, pp.58-70.

DeLorenzo, L. C. (2016). Is There a Color Line in Music Education? In L. C. DeLorenzo (Ed.), *Giving Voice to Democracy in Music Education: Diversity and Social Justice in the Classroom*. New York, NY: Routledge. pp.176-194.

DeLorenzo, L. C. with Foreman, M, Gordon-Cartier, R, Skinner, L, Sweet, C & Tamburro, P. J. (2019). *Teaching Music the Urban Experience*. New York, NY: Routledge.

Gay, G. (2018). *Culturally Responsive Teaching: Theory, Research, and Practice* (3rd ed.). New York, NY: Teachers College Press.

Gurgel, R.(2016). *Taught by the Students: Culturally Relevant Pedagogy and Deep Engagement in Music Education*. New York, NY: Rowman & Littlefield.

Hill, M. L. (2009). *Beats, Rhymes and Classroom Life: Hip-Hop Pedagogy and the*

Politics of Identity, New York, NY: Teachers College.

Horsley, S. (2015). Facing the Music: Pursuing Social Justice Through Music Education in a Neoliberal World. In C. Benedict, P. Schmidt, G. Spruce and P. Woodford (Eds.). *The Oxford Handbook of Social Justice in Music Education.* New York, NY: Oxford University Press. pp. 62-77.

Karvelis, N. (2020). A Hip Hop Pedagogy of Action: Embracing #BlackLivesMatter and the Teacher Strikes as Pedagogical Frameworks. In E. Adjapong & I. Levy (Eds.). *HipHopEd: The Compilation on Hip-Hop Education Volume 2: Hip Hop as Praxis & Social Justice.* New York: Peter Lang, pp. 125-138.

Kitwana, B. (2005). *Why White Kids Love Hip Hop: Wankstas, Wiggers, Wannabes, and the New Reality of Race in America,* New York, NY: Basic Civitas.

Ladson-Billings, G. (1995). Toward a Theory of Culturally Relevant Pedagogy. *American Educational Research Journal, 32* (3), pp. 465-491.

Ladson-Billings, G. (2009). *The Dreamkeepers: Successful Teachers of African American Children* (2nd ed.). San Francisco, CA: Jossey-Bass.

Ladson-Billings, G.(2009). Foreword. In M. L. Hill. *Beats, Rhymes, and Classroom Life: Hip-Hop Pedagogy and the Politics of Identity,* New York, NY: Teachers College Press, pp. vii-x.

Ladson-Billings, G. (2015). You Gotta Fight the Power: The Place of Music in Social Justice Education. In C. Benedict, P. Schmidt, G. Spruce & P. Woodford (Eds.), *The Oxford Handbook of Social Justice in Music Education.* New York, NY: Oxford University Press. pp.406-419.

Ladson-Billings, G. (2017). The (R)Evolution Will Not Be Standardized: Teacher Education, Hip Hop Pedagogy, and Culturally Relevant Pedagogy 2.0. In D. Paris & H. S. Alim (Eds.), *Culturally Sustaining Pedagogies: Teaching and Learning for Justice in a Changing World.* New York, NY: Teachers College Press, pp.141-156.

Lind, V. R. & McKoy, C. (2016). *Culturally Responsive Teaching in Music Education: From Understanding to Application.* New York, NY: Routledge.

Rawls, J. D. & Robinson, J. (2019). *Youth Culture Power: A #HipHopEd to Building Teacher-Student Relationships and Increasing Student Engagement.* New York,

NY: Peter Lang Publishing.

Roberts, J. C. and Campbell, P. S. (2015). Multiculturalism and Social Justice: Complementary Movements for Education in and Through Music. *The Oxford Handbook of Social Justice in Music Education*. New York, NY: Oxford University Press. pp.272-286.

Stovall, D. (2006). WE CAN RELATE: Hip Hop Culture, Critical Pedagogy, and the Secondary Classroom. *Urban Education*. 41(6), pp.585-602.

Westheimer, J. (2015). What Did You Learn in School Today? Music Education, Democracy, and Social Justice. *The Oxford Handbook of Social Justice in Music Education*. New York: Oxford University Press. pp.107-115.

《インターネット記事》

朝日中学生新聞「"Black Lives Matter"広がる『黒人の命は大切』」https://www.asagaku.com/chugaku/topnews/18656.html(2021.8.21)

Huffpost「チャイルディッシュ・ガンビーノ『This Is America』の衝撃――なぜ話題になったのか？ MVを解説」https://www.huffingtonpost.jp/2018/05/13/childish-gambino-this-is-america_a_23431299/(2021.8.21)

《音楽》

アウトキャスト(OutKast)〈Elevators (Me and You)〉(1996)『Original Album Classics by OUTKAST』Arista.

アフリカ・バンバータ&ソウルソニック・フォース(Afrika Banbaataa & Soul Sonic Force)〈Planet Rock〉『Planet Rock (1996 Version)』Essential Media Afw.

アレサ・フランクリン(Aletha Franklin)〈Since You've Been Gone (Sweet, Sweet Baby)〉(1968)『Lady Soul』ワーナーミュージック・ジャパン.

いとうせいこう『オレデズム』1992年、ソニー・ミュージックレコーズ.

エアロスミス(Aerosmith)〈Walk This Way〉(1975)『Toys In The Attic』Sony.

XXXテンタシオン(XXXtentacion)〈Look At Me!〉(2015)『Look At Me!』Bad Vibes Forever / EMPIRE.

XXXテンタシオン(XXXtentacion)〈Sad!〉(2018)『?』Caroline.

エディ・ボイド(Eddie Boyd)〈Five Long Years〉(1952)『The Singles Collection

1947-62』Acrobat.
ケンドリック・ラマー（Kendrick Lamar）〈Alright〉（2015）『To Pimp A Butterfly』Interscope Records.
ザ・ブルーハーブ(THA BLUE HERB)『2020』（2020）THA BLUE HERB RECORDINGS.
ジェームス・ブラウン(James Brown)〈Say It Loud: I'm Black and I'm Proud〉（1969）『Say It Loud: I'm Black and I'm Proud』Universal Music.
ジョン・レノン(John Lennon)〈Imagine〉（1971）『Lennon Legend: The Very Best Of John Lennon』Capitol.
19（ジューク）〈あの紙ヒコーキ くもり空わって〉（2002）『19 BEST●青』Victor Entertainment.
晋平太〈ボコボコのMIC〉（2020）『ボコボコのMIC』RUDECAMP RECORDS.
晋平太〈ボコボコのMIC〉（インストルメンタル）
スティービー・ワンダー（Stevie Wonder）〈汚れた街(Living for the City)〉（1973）『Innervisions』Motown.
チャイルディッシュ・ガンビーノ(Childish Gambino)〈This Is America〉（2018）『This is America』mcDJ/RCA Records.
D.J.アフリカ・バンバータ(D.J. Afrika Bambaataa)〈Death Mix1〉〈Death Mix2〉（1983）『Death Mix――Live!』Paul Winley Records.
トゥパック(2Pac/Tupac)〈Dear Mama〉（1998）『Greatest Hits』Interscope Records.
ニッキー・ミナージュ（Nicki Minaj）『Queen』（2018）Universal Music.
バーズ・アンド・メロディ（Bars and Melody (BAM)）〈Hopeful〉（2014）『Hopeful』rhythm zone.
B.B.キング(B.B. King)〈Every Day I have the Blues〉（2010）『Best Of B.B. King』EMI Special Records.
ビリー・ホリデイ(Billie Holiday)〈奇妙な果実(Strange Fruit)〉（2003）『Strange Fruit』Universal Music.
ビヨンセ&ウォルター・ウィリアムズ(Beyoncé & Walter Williams)〈He Still Love Me〉（2003）『The Fighting Temptations (Music From The Motion Picture)』Sony.

フェラ・クティ（Fela Kuti）〈Water Not Get Enemy〉（1975）『Expensive Shit』Knitting Factory Records.

ブッダ・ブランド（BUDDHA BRAND）『人間発電所（CCCD）』（1996）cutting edge.

ブギー・ダウン・プロダクションズ（Boogie Down Productions）〈You Must Learn〉（2014）『The Essential Boogie Down Productions & KRS-One』Jive/Legacy.

フリーダム（Freedom）〈Get Up & Dance〉（2002）『Get Up and Dance - the Best of Freedom』EMIミュージック・ジャパン.

ミシシッピ・チルドレンズ・クワイア（Mississippi Children's Choir）〈Child of the King〉（1992）『Children of the King』Malaco Records.

ミシシッピ・チルドレンズ・クワイア（Mississippi Children's Choir）〈Joy of My Salvation〉（1998）『When God's Children Get Together』Malaco Records.

ランDMC（Run DMC）〈Walk This Way〉（2012）『Playlist - The Best of RUN DMC』Sony Music.

リル・ナズ X（Lil Nas X）『MONTERO（ Call Me By Your Name）』（2021）Columbia Records, a Division of Sony Music Entertainment.

ルイ・アームストロング（Louis Armstrong）「聖者の行進〈When The Saints Go Marching In〉（2015）『The Louis Armstrong Collection』PCA Music.

ルーペ・フィアスコ（Lupe Fiasco）〈The Show Goes On〉（2011）『Lasers』Atlantic.

ローリン・ヒル（Lauryn Hill）『The Miseducation of Lauryn Hill』（1998）Sony Mid-Price.

ロバート・ジョンソン（Robert Johnson）〈Cross Road Blues〉（1996）『Robert Johnson The Complete Recording』Sony.

《映画》

『ドゥ・ザ・ライト・シング（Do the Right Thing）』監督スパイク・リー（1989）ジェネオン・ユニバーサル.

『マイティ・タイムス――子どもたちの行進（Mighty Times: Children's March）』監督Robert Houston and Robert Hudson（2004）.

『私はあなたのニグロではない（I Am Not Your Negro）』監督ラウル・ペック（2018）Altitude Film Distribution.

おわりに

2021年６月、晋平太が埼玉大学教育学部附属小学校でラップの授業を行った。対象は５年生の「おおとりの時間」（総合的な学習の時間）である。５、６時間目の授業で、５年生全員が体育館に集まって授業が始まった。

授業の冒頭で、晋平太がラップをパフォーマンスした。DJもいないインストルメンタルもない。ただマイクだけのパフォーマンスである。そこにいた皆がそのパフォーマンスに圧倒させられた。

その後、授業ではヒップホップの歴史について子どもたちは晋平太の講義を通して学習した。そしていよいよ子どもたちがラップを作る学習である。自己紹介のラップに子どもたちが取り組んだ。本書でいえば、「第２部　実践編　ラップの授業にチャレンジ」の「レッスン３　ラップで自己紹介――わたしを伝える・友だちを知る」の部分の実践である。子どもたちはそれぞれ名前、出身地、趣味・特技、そして将来の夢をラップにしていった。

作ったラップを皆の前でパフォーマンスできるかどうか子どもたちに晋平太が問いかける。子どもたちは少しずつ手を上げ始めるようになった。晋平太は、数名の子どもを指名した。指名された子どもたちは、出身地や趣味や特技そして、お笑い芸人になりたいやお医者さんになりたいなど将来の夢をラップで語った。それを周囲の子どもたちが温かく心を傾けて聴いている姿が印象的であった。その後、ラップについての質問タイムがあって全体の授業は終了した。

５年生担任の肥田先生によると、全体の授業を少し早く終え、残りの時間、子どもたちは教室に戻り、「振り返りシート」に今日の授業の感想などを書くという。

ラップの授業について、どのような振り返りをしているのかと気になり、教室を訪ねた。すると、５年生の教室はラップ大会でものすごく盛り上がっている。「振り返りシート」どころではない。子どもたちは代わる代わる前に出てきて自己紹介のラップをパフォーマンスしているのである。それぞれのパフォーマンスをクラス全員で手拍子しながら応援している。そして子どもたちは皆、笑っていた。笑顔でいっぱいだった。子どもたちは、「先生もラップやって〜」と担任の肥田先生を囃し立てる。先生も自己紹介のラップを子どもの前で行った。教室をのぞきに来た副校長の森田先生も「先生のラップを聴きたい」と子どもたちに熱望され手拍子に合わせフリースタイルのラップをパフォーマンスしたのである。

隣の村知先生のクラスでは、次の授業でどんなテーマでラップを作りたいか活発な話し合いが行われていた。その隣の鈴木先生のクラスに晋平太は様子を見に行った。それで、晋平太は子どもたちからラップについて質問攻めにあった。子どもたちはラップと晋平太に興味津々なのである。

ラップはわたし自身について、そしてわたしの主張を伝えることができる。そしてそれにリズムに乗って身体全体で相手の主張を受け入れる聴衆がいる。ラップは豊かなコミュニケーションである。そうしたコミュニケーションを積み重ねるラップによる教育実践ができることを埼玉大学附属小学校５年生たちの様子から確信することができた。

子どもたちは、まずは自己紹介し夢についてラップを通して表現した。大切なのは、クラス全員の夢をかなえるための基盤となる理想の社会を作ることである。格差の解消、多様性の尊重、コロナウイルスがなくなること、そして皆が仲良くできる社会の構築など、子どもたち自身が考える社会正義を大切に、夢を追求することが必要である。そして、社会正義と明るい未来を考え、声にしていってほしい。

それは、埼玉大学附属小学校に限ったことではない。いろいろな小・中・高等学校、そして大学、地域の集会でも、ラップでわたしの経験や思い、そして理想の社会について語り合う。ラップはわたしのことばを豊かにする。

小さな声であってもそのことばが少しずつ広がることは社会正義に向けての重要な実践である。より良い世界の実現に向けたラップの可能性は無限なのである。

晋平太さんには、本書のためにたくさんのことを教えていただきました。晋平太さんの存在なしに、本書を書くことはできませんでした。ありがとうございました。

そして晋平太さんのマネージャーの山際久さん、附属小の実践と大学の授業を取材してくださったＮＨＫさいたま支局の池端祐太郎さん、関根幸千代さんには、大学や附属小学校の授業を温かく見守っていただき、励ましていただきました。

そして埼玉大学教育学部心理・教育実践学講座磯田ゼミの島崎皓太さん、荒川結衣子さん、沼澤倫久さん、石田翔悟さん、石堂汐里さん、菊池巧真さん、平野莉乃さん、野々村真愛さんとはラップの授業について話し合い、一緒になってひとつのプロジェクトに取り組んできました。このことはゼミの貴重な財産です。

埼玉大学附属小学校校長細川江利子先生、副校長森田哲史先生、５年生担任の肥田幸則先生、村知直人先生、鈴木康平先生にはラップの授業にご協力いただきました。子どもたちの笑顔は先生方の豊かな学校・学級経営の成果だと思います。

そして明石書店の神野斉さんには、本書の企画のときから、出版に至るまでたくさんの相談に乗っていただきました。

以上の方々に心より感謝申し上げます。ありがとうございました。

本書は第15回(2020年度)博報堂教育財団児童教育実践についての研究助成(研究タイトル「社会正義をことばで伝える教育方法に関する研究――ヒップホップを用いた授業実践の開発」)の研究成果である。

【著者紹介】

磯 田 三 津 子（いそだ・みつこ）

1968 年　広島県生まれ

2001 年　東京学芸大学大学院連合学校教育学研究科単位修得満期退学・博士（教育学）

現在　埼玉大学教育学部准教授

主著：『京都市の在日外国人児童生徒教育と多文化共生――在日コリアンの子どもたちをめぐる教育実践』明石書店、2021 年。『音楽教育と多文化主義――アメリカ合衆国における多文化音楽教育の成立』三学出版、2010 年。*Difference and Division in Music Education*, Routledge, 2020（共著）。

ヒップホップ・ラップの授業づくり
――「わたし」と「社会」を表現し伝えるために

2021 年 11 月 20 日　初版第 1 刷発行

著　者　磯田三津子
協　力　晋平太
発行者　大江道雅
発行所　株式会社明石書店

〒101-0021 東京都千代田区外神田6-9-5
電　話　03-5818-1171
ＦＡＸ　03-5818-1174
振　替　00100-7-24505
https://www.akashi.co.jp

装　丁　明石書店デザイン室
組　版　朝日メディアインターナショナル株式会社
印　刷　株式会社文化カラー印刷
製　本　協栄製本株式会社

（定価はカバーに表示してあります）　ISBN978-4-7503-5289-3